Como un salto
de campana

Víctor Carvajal

Como un salto de campana by Víctor Carvajal, illustrated by Catalina Guevara Guzmán. Text copyright © 1997 by Victor Carvajal. Illustrations copyright © 1997 by Catalina Guevara Guzmán. Copyright © 1997 by Aguilar Chilena de Ediciones, S.A. Reprinted by permission of Aguilar Chilena de Ediciones, S.A, Dr. Anibal Ariztia 1444, Providencia, Santiago, Chile.

Houghton Mifflin Harcourt Edition

Printed in the U.S.A.

ISBN-13: 978-0-547-13696-7
ISBN-10: 0-547-13696-X

3 4 5 6 7 8 9 1083 20 19 18 17 16

4500616485

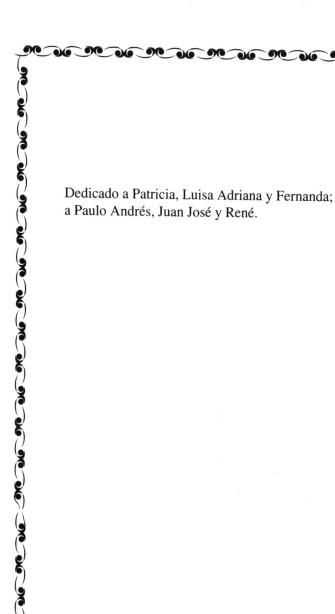

Dedicado a Patricia, Luisa Adriana y Fernanda;
a Paulo Andrés, Juan José y René.

ÍNDICE

PRIMERA PARTE

1. Don Pachi

El abuelo Patricio, a quien de puro cariño apodaban don Pachi, regresaba en su blanca chalupa, cargado de papas y animales.

La abuela Cañe, que sólo sabía el día del regreso de su marido, ya había enviado cuatro veces al empleado a ver si el abuelo se acercaba. Todo dependía del viento.

Una lluvia muy fina caía sobre el abuelo y la costa asomaba temerosa a los ojos del viejo que navegaba solo y entumecido, ansioso por llegar a destino.

Mientras los techos de las casas en tierra iban creciendo a través de la lluvia, el viejo no dejaba de pensar en sus hijos repartidos por el mundo, en su nieto Pancho, que vivía tan lejos que ni con la imaginación lo alcanzaba.

Junto al muelle de desembarco, un grupo de muchachos se desplazó ágilmente. Alguien siempre esperaba al abuelo.

La casa de don Pachi estaba a cien metros del embarcadero y llevar allí los sacos era tarea que el Pellillo cumplía sin dificultad. Luego, la chalupa sería arrastrada playa arriba y el velamen guardado en un galpón trasero, siempre frente al mar.

–¿Qué novedades hay? –dijo don Patrici y se encaminó seguro al hogar que lo aguardaba con el brasero encendido, aunque fuese verano.

2. De visita en Copenhague

Durante unas vacaciones, Pancho visitó Dinamarca con sus padres. Desde Alemania le había bastado cruzar el mar Báltico, que nunca es tan ancho ni tan vasto como el océano Pacífico o el Atlántico. La sirenita de Copenhague, ubicada junto a los anchos brazos de mar que entran en el viejo puerto, es el paseo obligado de los visitantes.

Aquel día el sol chocaba en las construcciones de ladrillos rojos, que Pancho relacionó con los colores propios de Dinamarca.

El parquecito donde se hallaba la preciosa estatua estaba lleno de gente. Unos metros más allá, se movían las aguas, las mismas que según el cuento de Andersen habían llevado a la sirenita hasta esa playa. Pancho recordó las frases iniciales del relato. Lo hizo en alemán, pues era éste su idioma materno, aun cuando sus padres fuesen chilenos:

Lejos y en las afueras del mar el agua es tan azul como las hojas de la hermosa flor del azulino y tan clara como el cristal más puro.

Pancho se detuvo a observar el agua turbia de la orilla y concluyó que había pasado demasiado tiempo desde entonces. Pero el abuelo sí tendría un mar azul frente a su playa y un paisaje siempre verde, tal como lo describiera en una de sus tantas cartas. El abuelo de

Pancho vivía al otro lado de los océanos. Allí donde los mares cambian de nombre y donde son otros los países y los idiomas. Vivía en una isla, rodeado de otras islas y mucho mar.

Pancho se sentó al borde de la negra piedra sobre la cual descansaba la graciosa escultura. Era una figurilla de hierro fundido, no más grande que el tamaño de una persona y mostraba a una joven sentada sobre una roca, mirando siempre al mar, pero con el torso dirigido a tierra. En dirección al mar se hallaba su extensa cola de pez. Puesta así, no por capricho ni por azar.

"¡Es ist doch klar!"*, –pensó Pancho

Estaba muy claro. La parte marina del cuerpo apuntaba al mar porque en él estaba su origen. La parte humana, en cambio, apuntaba hacia tierra porque en ella vivía el príncipe que la había cautivado.

– No se puede prescindir de nuestro origen– le había escuchado Pancho a su padre.

Sintió un deseo incontenible de enviarle un saludo al abuelo, que se hallaba tan lejos.

"Querido nieto:
Siempre navego por las islas en mi chalupa".

Así le había escrito la última vez, el abuelo. Pancho hurgó en sus bolsillos de profunda sombra azul de mezclilla con la esperanza de hallar en ellos una moneda

* ¡Está claro!

de valor.

¿Tendría que recurrir a sus padres, como siempre? Tendría que hacerlos partícipes de su proyecto. Sin embargo, decidió arreglárselas con sus propios medios, aun cuando no poseyese ninguno.

¿Qué mensaje se podría enviar sin un centavo en los bolsillos? En este mundo en que vivimos –siguió reflexionando– nada hacemos sin dinero.

–¿Una botella con un papel en su interior? –y miró a la sirena, pues le pareció ver que había movido la cabeza. Y sacudió tres veces la suya, espantando una idea que no tenía asidero.

–¿Una paloma mensajera que cruce los océanos?– y volvió a mirar a la sirena, pues nuevamente le pareció ver que ella había movido la cabeza y la boca. Y él negó tres veces más con la suya. Tampoco tenía asidero.

–¡Bastaría con un trozo de madera!– miró rápidamente la boca de la sirena, pero ella no dio señales de vida.

"¡Es una idea mía!", –pensó con entusiasmo.

Aprovechando un momento de descuido de sus padres, sin que nadie lo viera, hizo lo que ningún niño haría, ninguno de Alemania o Dinamarca: meter la nariz en un tacho de basura.

–¡Pancho!

Instintivamente ocultó la paleta de helados en la espalda.

–¿No quieres columpiarte?– preguntó la madre.

Negó rotundamente y se dio la vuelta. Se había

salvado de un regaño. Sacó su pluma y la hundió delicadamente en la blanda carne de la madera. Allí escribió el siguiente saludo:

"Abuelito cariños también de la sirenita".

Ser más extenso no pudo.

Como en Dinamarca el día se marcha muy pronto y la tarde apura el regreso a casa, corrió hasta la orilla y lanzó el mensaje a las aguas. El pequeño madero flotó con soltura y se quedó un largo rato chocando contra el muro de contención.

3. ¿Cuántos kilómetros hay de Alemania a Chiloé?

Aquel día, una semana después del regreso de Dinamarca, Pancho se encontró en la parada del bus, a la hora programada. Ni un minuto antes, que te hielas, ni un minuto después, que lo pierdes.

Tomó asiento junto a su madre, mientras el padre se sentaba justamente en el asiento de atrás.

–Antes que me olvide, Pancho.

–¿Qué es esto?– preguntó en alemán.

La madre le había entregado un sobre que contenía una fina postal con la imagen de la sirena de Copenhague. En el reverso se señalaban los lugares precisos para un saludo corto y la dirección del destinatario.

–¿Cómo la conseguiste?

–La compré el día que visitamos el parque de la sirenita. Sólo que había olvidado dártela.

–¿Y cuál es la idea, Mutti?– la llamaba así cada vez que le hablaba en alemán, es decir, siempre. ¿Qué debo hacer con ella?

–Pensé mucho en tu abuelito Patricio. Seguro que deseas escribirle. ¿No me equivoco?

–¡Seguro, Mutti!

¡Cómo se las arreglan las madres para anticiparse a las intenciones de sus hijos!

Puso la postal en su morral y ya las ideas habían

comenzado a funcionar. Sería un saludo muy corto. La tarjeta no ofrecía más espacio. Por lo demás, él no estaba en condiciones de enviar saludos largos. Al abuelo había que escribirle en castellano y ese era un idioma que Pancho no dominaba.

El bus se detuvo varias veces antes de llegar a la parada de la escuela. Los padres de Pancho prosiguieron viaje al centro de la ciudad.

Pancho ingresó a un edificio de ladrillos lustrosos con un contingente de niños.

En el vestidor de su aula se tomó más tiempo que el habitual.Se quitó las pesadas botas de invierno y se calzó unas pantuflas. Le habría encantado desplazarse en calcetines, tal como lo hacía en casa. Pero eso significaría contrariar las reglas de la escuela. Sentado en un rincón bajo el perchero, cubierto completamente por los abrigos de sus compañeros, recordó el regreso de Dinamarca. Había cruzado el Báltico a bordo de un ferri. Al caminar por la ancha cubierta del barco, les había propuesto a sus padres hacer un viaje a Chile para visitar al abuelo.

–Mutti...

–¿Mmmm?

–¿No podemos viajar en este barco hasta Chile?

–Sí, claro que sí– había respondido la madre.

–No, no podríamos– contradijo el padre.

–¿Por qué no, Vati?– le llamaba así cada vez que le hablaba en alemán, es decir, siempre.

–Para navegar a Chile se necesita un barco más grande que este.

–Pero, –había porfiado ella, siempre porfiaba–, por supuesto que se puede viajar en este barco.

–¿Cruzar el Atlántico en este ferri? Estas naves están hechas para travesías cortas.

–¡Pero, si este barco es inmenso! Lleva un tren completo en su interior. Y varios camiones, buses y automóviles. No me cabe en la cabeza que no pueda llegar a Chile.

–¿No le cabe en la cabeza? ¿Cuántas millas náuticas nos separan de Chile?

–¿Exactamente?

Y la voz de ella, que decía "exactamente, no lo sé", se evaporó entre las mangas de los abrigos. Una gruesa parka cayó sobre la cabeza de Pancho, al tiempo que se escuchó una voz que advertía:

–Beeile Dich, Pancho! Es ist zu spät! *

Era bastante tarde, en efecto, y Pancho tuvo que apurarse.

Al ocupar su asiento en la sala, tres interrogantes le acosaban. ¿Qué mensaje le enviaría al abuelo? ¿A qué distancia estaba Chile de Alemania? Y finalmente, ¿conocía el abuelo la historia de la sirena de Copenhague?

"Querido abuelito:
Esta es la sirenita. Se quedó a vivir en

---

*¡Apúrate, Pancho! ¡Es muy tarde!

Dinamarca. Los turistas la visitan mucho. Papá
dice que nosotros no somos turistas. Le gustará
ella, abuelo. También contempla el mar. Siempre
Pancho".

La profesora quiso estudiar la península de Jut-
landia en la hora de geografía. Varios alumnos habían
pasado sus vacaciones en Dinamarca.

–Tengo que pedir un favor– levantó su mano
Pancho.

–¿Qué es?– se volvió a él la profesora.

–Quisiera saber...

–¡Escuchen!– advirtió ella, porque los chicos
empezaban a desordenarse.

Pancho deseaba saber a qué distancia estaba
Chile de Alemania. Y consideró lo más natural hacer la
pregunta en la clase de geografía. Y la profesora también lo consideró así, puesto que los padres de Pancho
eran chilenos.

El mapa de Europa fue reemplazado por otro y
la clase se concentró en dos continentes: Europa y América del Sur.

–Tú debes ser un experto en esto –comentó la
profesora–. Te ruego vengas adelante.

–Aquí está Chile– explicó Pancho a sus compañeros y señaló con el puntero una larga franja de tierra,
perfectamente coloreada, en un continente que a él
siempre le pareció un racimo de uvas.

–¿Son allá las uvas tan ricas como las de España?– interrumpió uno de los chicos.

–No le hagas caso, Pancho –intervino Jaicko, su
compañero de banco–. Quiere presumir que veranea ca-

da año en España.

–La vid necesita mucho sol –acotó la profesora–. ¿Se imaginan ustedes que en Chile crezcan uvas al
igual que en España? Ese es un país muy cálido en el
verano. ¿Es cálido Chile en el verano?

Parecía incomprensible que Chile, ubicado en
un extremo tan apartado del continente, tan próximo a la
Antártida, gozara de clima caluroso.

–¿Y cómo hablan en Chile?– alzó su mano un
chico.

–¡Momento, momento!– intervino la profesora–.
Pancho debe responder primero lo que se le ha preguntado. Después podrán disparar las preguntas que deseen.

Pancho tragó saliva y repitió una lección como
aprendida de memoria, pero siempre llena de misterio.

–Chile tiene muchos climas –explicó–. Arriba,
es tan seco como un desierto.

Y todos sus compañeros pensaron en Africa, en
los oasis, en los camellos y en aquellos hombres solita-
rios con turbantes empolvados de arena.

–Más abajo –prosiguió Pancho–, es más diferente. Verano con calor, invierno con frío y lluvia.

Y todos sus compañeros pensaron en París, que
era lo que más habían visto de Francia, y siempre bajo
la lluvia.

–Más abajo llueve casi todo el año y en invierno
hace un frío que cala los huesos.

Todos pensaron en Alemania cuando entra el
otoño y se va el verano.

–¿Y también hay nieve?

No supo qué responder. Iba a decir que sí, que en Chile también cae nieve como en Europa, pero de susto guardó silencio, pues le sonó a disparate.

–Claro que hay nieve –intervino la profesora–. Chile tiene una larguísima cordillera. En partes es de gran altura y hay allí nieves eternas. Pero, Pancho, allí donde vivían tus padres, ¿también nieva en invierno?

–Sí, seguro– respondió no muy convencido.

Y silencio, a continuación.

Providencialmente, fue Jaicko quien lo sacó del atolladero.

–¡Que hable como chileno!

Pancho aguardó un instante. Esperó que la profesora desaprobara lo que Jaicko había insinuado. Pero no fue así.

–Vamos, di algo– insistió el compañero.

–Sé amoroso, Pancho.

–¿Qué?

–Por ejemplo...

–¡Haus!

–Sí, cómo se dice en Chile.

–Casa.

–Kind.

–Niño.

–Weintrauben.

–Uvas.

–Schule.

–Escuela.

–Unterhouse –se aventuró uno por ahí.

–Calzoncillos –Pancho se sintió sorprendido y

miró a la profesora.

–Dumkopf.

–Tonto.

–Schwein

–Cerdo. –ya empiezan con las groserías, pensó Pancho.

–Du idiot!

–Imbécil.

En ese punto la profesora detuvo el juego. El asunto anunciaba pasarse, poco a poco, de la raya. Los chicos reían a más no poder. Con seguridad porque cavilaban en aquello que estuvieron a punto de decir. Muchos de ellos se preguntaron cómo era posible que el idioma de los chilenos sonara igual que el de los españoles. El fenómeno fue notado, particularmente, por aquellos que habían estado en España.

Una vez en casa, de cabeza en el diccionario, descubrió Pancho que Europa y América del Sur no iban de la mano con las horas. Si en Alemania los relojes indicaban las trece horas, en Chile daban apenas las siete. También las dimensiones de los países eran notoriamente diferentes. Y el número de habitantes, las monedas y los nombres de las ciudades. Pancho descubrió que Alemania no era tal en alemán, sino Deutschland. Porque Santiago de Chile lo es en cualquier idioma. En caso de extraviarse en algún aeropuerto –ya pensaba visitar al abuelo–, le bastaría decir:

–¡Deseo volar a Santiago de Chile.!–

y todos se darían por enterados, hablasen el idioma que hablasen. Porque en los aeropuertos del mundo cada ciudad tenía su abreviatura, él volaría de FRA a SCL.* Pero no se conformó con estos conocimientos. Siguió adelante con su investigación. Así fue como concluyó que el idioma español había llegado a Chile, y también a la mayoría de los países del continente, porque en el año 1492, un navegante genovés, que había salido con tres carabelas desde el puerto De Palos, había descubierto América.

–¿Tengo yo dos lenguas maternas?– preguntó a su profesora apenas comenzó la clase al día siguiente.

–Tu lengua materna debería ser la de tus padres.

–Pero, yo soy nacido aquí.

Menudo dilema. Había nacido en Alemania, en efecto, pero no era un niño alemán. Tampoco chileno. Un apátrida, que no es lo mismo que apático. No estaba registrado en el país de sus padres y tampoco era nacionalizado en Alemania. Y todo porque habían emigrado después de la revuelta, como le llamaba el abuelo a la hecatombe, y que había dejado al país, por muchos años, sumido en una profunda tristeza.

Por aquel entonces, Pancho ni siquiera aparecía por el mundo.

*FRA: Frankfurt
SCL: Santiago de Chile.

4. El mensajero del aire

El abuelo, como si cumpliese un anhelado deseo, vio centellear las brillantes alas de la avioneta, que descendió en las duras arenas de la playa. Con seguridad portaba novedades importantes. El aparato era piloteado por Kurt, un joven descendiente de alemanes avecindados en Chiloé.

Kurt había visto desde el aire la blanca embarcación del abuelo varada en la playa. Era indicio claro que don Pachi se encontraba en casa.

El pequeño aeroplano se detuvo por completo y el abuelo salió a su encuentro cuando las alas dejaron de mecerse.

–¿Qué tal, don Pachi?– saludó el risueño piloto antes de saltar a tierra con sus largas piernas, calzadas con regias botas de caña alta.

–¡Kurt! –replicó el abuelo–. ¿Es que se puede volar con lluvia?

–¿Lluvia? ¿Cuál lluvia, don Pachi?

–No hace mucho llovía muy tupido.

–Sobre las nubes es diferente.

–¡Ah, chico! ¡Quién como usted que puede acercarse al sol a voluntad!

–Privilegios del aviador.

–Y también de las aves.

Estrecharon sus manos con afecto. Aquel joven

era siempre bien recibido. Se le prodigaba admiración, pues a los pocos segundos de haber llegado, todo el pueblo salió de sus casas para correr a saludarlo y rodear la nave, como si fuera algo raro.

—Vamos adentro. Algo tendrá la Candelaria para ofrecernos.

El abuelo habitaba una imponente casa. Levantada frente al mar, ostentaba ella una hermosa arquitectura. Eran dos pisos con muros de tejuela en madera de alerce. En el salón, ocupado sólo con ocasión de visitas ilustres, agasajó don Patricio a su huésped. Doña Candelaria sirvió licor de oro y algunos dulces preparados en casa. Después de cenar en el gran comedor, se reunieron en la pieza del café, en definitiva, el lugar más acogedor de la casa. Había allí un gran brasero donde ardía incansable el carbón y a cada lado dos acogedores divanes. En los tiempos de la gran familia, se reunían allí los abuelos con sus hijos y nietos. Junto a la puerta aún se veían las marcas que el abuelo hacía en la madera cuando medía el crecimiento que sus nietos experimentaban cada año.

Las sospechas del dueño de casa fueron confirmadas mientras bebían junto al fuego. El aviador era portador de un insignificante paquete. Provenía de Europa. El encargado de correos en el continente había solicitado los servicios de Kurt para que don Patricio recibiera el envío cuanto antes.

La curiosidad del abuelo no pudo ser satisfecha al abrir el paquete, ya que su interior contenía una cassette de audio.

—Y esa cosa ¿cómo se escucha?— preguntó doña Calendaria.

—Se necesita un tocacintas.

—Candelaria, además de la radio, ¿que otra cosa tenemos en la casa?

—La victrola, Patricio.*

—Ah, pero eso no sirve. Estas cosas modernas son diferentes. ¿Cómo han llegado a hacer un disco de esta manera?

—Vaya, Patricio, donde don Amador. El tiene lo novedoso.

Don Pachi hizo caso a las palabras de su señora. De manera que se encaminó a la casa de don Amador.

Para Kurt, aquel correo, llegado de la tierra de sus padres, le resultó particularmente atractivo. Acompañó gustoso al anciano. De todos modos no pensaba regresar al continente, sino hasta el día siguiente.

En el camino habló entusiasmado de la ciudad de sus abuelos. Habían ellos nacido en Rostock, un antiguo puerto próximo a Hamburgo en las costas del mar Báltico.

—¿Mar Báltico?— repitió el abuelo.

—Es el mar que une a los países nórdicos con los de Europa continental.

—¡Lo que son las cosas! Pero si mi nieto vive

*Gramófono.

también allí. Hace poco recibí una postal muy linda, con una sirenita, que me parece pertenece a ese océano.

—¿La sirenita de Andersen, don Pachi?

—De Copenhague, Kurt.

—Si, de Hans Christian Andersen.

—¿Y quién es ese?

—El famoso autor de cuentos de hadas.

—¡Ah, pero, cómo no!. Sabe harto usted, ¿ah?

Kurt narró a continuación cuanto había escuchado de las tierras de sus antepasados. A pesar de la noche en la isla, con el relato aparecieron en ambos hombres, los árboles de una mañana llena de magia, los prados de un mediodía luminoso y las olas de un océano, reventando espuma en las costas de un reino, que Kurt llamó Mecklenburgo.

Fue aquella tierra de grandes y extensas planicies, cuyas únicas alturas las definían las copas de los árboles, los campanarios de las iglesias y los torreones de los Burg, esas ciudades de piedra que cobijaron historias de hadas, héroes legendarios y hermosos castillos.

—Los Burg se levantan junto a lagos y ríos. Allí nadan cisnes de cuello largo.

—Parece fantástico.

—Y también hay cigüeñas que anidan en las cimas de las chimeneas durante el verano. Allí surgieron las ciudades de los cuentos.

—Usted, Kurt, ¿conoce todo eso?

—Ese es mi sueño, don Pachi.

A cada tranco nuevo que daban, el aviador veía crecer su entusiasmo. Parecía un relato inventado después de escucharlo tanto de boca de sus padres, en sus tantas nostalgias. Su abuelo, había dicho en más de una oportunidad, que esa era tierra de bosques interminables. En ellos se extendía la bruma que contenía al resto del mundo en sus enaguas. Un hombre podía extraviarse por un camino sinuoso y tras doblar junto a un solitario árbol, sus pasos no irían a ninguna parte.

–O, tal vez a todas– comentó el abuelo–. Igual cosa le sucedió a Colón. ¿Se imagina usted lo que era lanzarse al océano sin saber si tenía término? En esos tiempos había que ser muy valiente.

–Mi abuelo– subrayó el joven– siempre decía que en aquellos parajes, los lagos bordean espigados castillos. Las puertas de las capillas están talladas y las hierbas salvajes cubren con amor y servicio las ruinas de construcciones que el tiempo distanció del hombre.

El abuelo pensó si en Chiloé no estaría ocurriendo algo parecido.

–Se pueden encontrar –prosiguió Kurt– ciudades empedradas por los siglos. Caballerizas de ladrillos con caballos de piedra que atraviesan los muros con sus cabezas formidables.

Don Patricio miró a Kurt de soslayo, pues en Chiloé las pocas caballerizas existentes eran todas de madera. Y eso de las cabezas de los caballos... Bueno, el abuelo sencillamente quiso mirar de frente al joven y para eso tuvo que detenerse unos segundos.

–Existen árboles que son edificios de pulpa –nada parecía frenar al piloto en su emoción y arrebato.

–¿Y cómo puede ser todo eso, Kurt? ¿No estará usted inventando?

–Hay castillos de agua que flotan entre los juncos. Y en sus torreones se sientan los poetas en abierta conversación con las campanas.

–¡Ah! –el abuelo no pudo evitar un gesto de asombro. Aquel mundo deslumbrante, sumado a la graciosa inventiva del aviador, resultaba maravilloso e increíble.

¡Cómo alucinaba aquel joven!

–Y hay casas campesinas con jardines en los árboles, de cuyas ramas nacen las flores.

¿Sería posible?

–Y otros, donde las colmenas hacen el tronco.

El abuelo volvió a mirar a Kurt.

–En esas aldeas se puede hablar con Juan, el de la Buena Suerte, y que se pasea con un cerdo blanco, tan grande como un vacuno.

El abuelo no quiso mirar al joven esta vez, porque sabía de sobra qué expresión tenía su rostro.

–Y existe el bosque de los granaderos, altivos, erguidos, como un ejército. Y la hora azul...

–¿Cuál es esa?

–Cuando las parejas despiden al día mientras en los techos de las casas se acurrucan las cigüeñas. Entonces, un amplio acacio abre sus brazos a un blanco caballo y una tenue lechuza mira la luz por el ventanuco de un altillo en penumbras.

Y el abuelo se preguntó si el joven no estaba describiendo las pinceladas de un cuadro que se sabía de memoria.

–Un capitán sueña con viajes en su casa de mar. Y mira el navío incrustado en los coloridos cristales de su ventanal.

El abuelo se detuvo una vez más en la penumbra de aquella noche leve.

–Y están las máquinas que hacen viento, pero conservan los paisajes en las ventoleras. Nubes extensas que abarcan la tierra inmensa. Gaviotas negras que dan luz a las ciudades. Puentes colgantes tallados por las tormentas y jardines crecidos en esculturas de agua. Todos con forma humana. Puertas de casas aldeanas pintadas por niños y colonias de cormoranes que vigilan bosques nativos, los que nadie ultraja.

–¿Quedan todavía en ese mundo antiguo?

–Cómo quisiera ver el surco que deja el blanco cisne de largo cuello negro en la gris silueta de la bruma. Y sentarme en el asiento del rey, puesto en los roqueríos del océano. Y remar en un bote lleno de peces de plata, los que fueron pescados por mi abuelo en otro sueño. Como en un cuento. También, y además...

–¿Además, chico?

–Observar la primera hora que conoció la tierra, cuando el mar estaba solitario y quieto. Y luego, ver el sol jugueteando con nubes de luz y niebla... Y el jardín de lo imposible, con sus frutos sobre la hierba. ¡Y las escalas alzadas en los manzanos...!

–Pero, ¡cómo se parece Mecklenburgo a Chiloé, jovencito! ¡Pero si ha estado hablando de mi tierra! ¿Qué es todo lo que me ha contado?

Don Patricio vio el rostro del joven inundado de sudor. Era de noche y el sol de la tarde había sido tibio. Y tanto no habían caminado, con tal ensoñación.

El abuelo se escurrió por la puerta de don Amador, el único español del pueblo.

—¡Ah! —se quedó Kurt sorprendido por la escapada del viejo—. Pero Chiloé no tendrá un parque inglés como el de Neustrelitz!

El abuelo volvió sobre sus pasos para responderle.

—¿Conoce usted, Kurt, el cuento del gallo pelao?

—No —respondió seriamente el joven, dispuesto a escuchar algo tan sorprendente como todo lo que él había contado.

—¡Pásese pa' este otro lao!

Y se perdió en la casa. Kurt le siguió sin pérdida de tiempo a través de la puerta señalada, para fundirse con la oscuridad de una caverna enigmática que parecía tragárselo todo.

La noche había caído por completo sobre el pueblo y la bahía, consumiendo en sombras plateadas las alas del avión y los cuartones del casco de la chalupa; posados ambos en la arena siempre más negra.

Kurt pensó que la hora de las fantasías había comenzado y se sintió feliz como un niño.

Y, ¿si Chiloé fuese en verdad como lo veía don Pachi?

5. Una tertulia

Cuando irrumpieron en la cálida cocina- comedor-sala de estar, don Amador se encontraba reunido con un grupo de muchachos rodeados de instrumentos musicales. Con la llegada de los visitantes, suspendieron su ensayo.

Una luz amarillenta penetraba por un ventanuco superior e inundaba con su claridad artificial gran parte del recinto, lleno de rincones sombríos. En el fuego hervía ruidosamente una tetera ennegrecida por el humo.

Apenas vio don Amador al piloto entendió que su presencia obedecía a un hecho extraordinario. A Kurt aquel encuentro le parecía estimulante. Sabía que don Amador era hijo de esas tierras, pero víctima de un ataque de españolismo. El hombre se esforzaba en ser considerado oriundo de la Madre Patria, como se la llamaba a España en los textos escolares.

−¡Sorpresa, don Patricio! ¿Cómo vais, amigo mío? −y nadie sabía si estaba bien dicho, el modo como lo había expresado−. ¿Qué zarandeos os traen por aquí? −terminó de exclamar don Amador apenas vio llegar al abuelo.

Imitaba el modo de hablar de los españoles con absoluta propiedad, y en toda la isla, no había un alma autorizada capaz de rebatirlo. Vestía de riguroso negro.

Pantalones ajustados, camisa blanca impecable, chaleco contrastado y boina de paño negro, como la llevan los vascos. Hablaba el hombre ronco y seguro, como si estuviera enojado o dando órdenes. Y tenía la virtud de preocuparse del desarrollo moral e intelectual de los jóvenes del lugar. Para ello, enseñaba el gusto por la música y el teatro. Cada vez que ponía en escena alguna comedia, don Amador se las ingeniaba para descubrir a la persona justa para el personaje exacto. Así nadie escapó a la maravillosa y angustiante posibilidad de deleitar a sus vecinos desde el proscenio.

–Bueno, ¿qué os trae por aquí?

–Me han dicho que usted posee un artefacto para estas cosas –y le enseñó la cassette.

La verdad era que don Amador ignoraba que fuese dueño de tales aparatos. Y se puso a investigar en su radio. Encontró un botón que no había apretado antes y saltó la tapa de una celdilla.

–¡Hombre!– exclamó, creyendo que hasta ahí no más llegaba la cosa.

Kurt tomó la cassette de las manos de don Patricio y la hundió en aquella abertura. Don Amador manoteó varias veces la mano intrusa del piloto, pero luego, al ver que el asunto calzaba a la perfección, terminó por convencerse que el joven bien sabía lo que hacía.

Con la grabadora al centro, y en ruedo, escucharon una vocecita. Era un relato, a ratos tropezado, con cierto aire agringado y que salía nítido por el único parlante del aparato de radio.

Lo sorprendente fue que el cuento les sonó com-

pletamente familiar.

La sirenita del cuento era tan real en Chiloé, que era difícil afirmar que vivía solamente en Dinamarca. Porque en Chiloé los príncipes también andaban entre la gente del campo. Y debajo de cualquier monte permanecía oculto un castillo o un fabuloso tesoro. La Ciudad de los Césares estaría a escasos kilómetros más al sur.

–El mar es un pañuelo tan pequeño como lo es el mundo –murmuró don Patricio y suspiró profundo. Sus ojos se llenaron de lágrimas. Don Amador, al verlo, pensó que el humo del fuego había provocado tal irritación en los ojos de don Patricio Alvarez. Don Amador se levantó y abrió la ventana a todo lo ancho. La fresca brisa nocturna penetró en el cuarto.

–Esa sirenita ha viajado que es un sueño –exclamó don Amador.

–Kurt, ¿me haría usted un favor?

–Cómo no, don Patricio.

–Quiero que envíe un presente a mi nieto.

Al otro día, don Amador, fascinado con lo sucedido en su casa la noche anterior, se lanzó a la calle con su radio a cuesta haciendo escuchar la voz de Pancho por los cuatro rincones del pueblo.

–¡Bueno, pero si es la Pincoya!– exclamaban los vecinos, antes de acabar de escuchar la historia de la sirenita de Copenhague.

Don Amador agotó las pilas de su radio y también la existencia de pilas en el almacén del pueblo.

–¡Pero si es la misma sirena de la abundancia!

—decían los demás.

—¿Qué duda le cabe?

—¿No ve que es ella, hijito?

—A veces anda ella acompañada de su marido, el Pincoy.

—Y el Pincoy ese, no es más que el mismo príncipe del cuento que anda voceando en su radio.

—También nuestra Pincoya abandonó su reino en el mar.

—Y se da largas andanzas por ríos y lagos, tierra adentro.

—Incluso llega a terrenos donde falta el agua.

—Salvo aquella que nos cae del cielo.

Ella fecundaba los peces y mariscos y en ella no más estaba la abundancia o la escasez, —decían.

Nadie quiso ver la diferencia. Era aquella sirenita una sola y la misma, viviera donde viviera.

6. Un paquete

Aquel día a Pancho le esperaba una grata sorpresa. Su madre había regresado unos minutos antes y recibió el paquete. Al llegar de la escuela, cerró la puerta de un golpe y comenzó la diaria tarea de quitarse los pesados y calurosos atuendos que hacían soportable el frío invierno de Alemania. ¡Fuera las botas! Para quedarse sólo en calcetas. ¡Fuera el grueso acolchado, la extensa bufanda y el cosquilleante gorro de lana; sentir la liviandad del cuerpo libre y poder correr al cuarto arrastrando el bolso repleto de libros y cuadernos. Una pulsación ardiente en la sien derecha lo detuvo justo en el rellano de su dormitorio.

–¿Mutti? ¿Estás ahí?

La Muti gruñó desde la sala y esperó por el hijo del alma. Sí, ya le parecía verlo asomar con su divertida figura. Tal como ella lo imaginara, apareció. Las calcetas sobrando diez centímetros hacia adelante, la camisa asomando fuera del pantalón y éste, totalmente arrugado bajo las rodillas. Reprimió ella las ganas de echarse a reír y se mantuvo lo más serena que pudo. Estaba sentada y tenía el paquete en su falda. Tuvo que contenerse para no obedecer el impulso infantil de salir corriendo al balcón, luego al dormitorio, al baño, en fin, corretear por toda la casa y gritar:

"Es para ti y no te lo pienso entregar."

–Es para ti– se limitó a decir.

–¿Para mí, Mutti?– repitió en alemán lo que acababa de entender en español. Le costó creer que había entendido correctamente. Guardó silencio y esperó. Durante ese tiempo nada se movió en la habitación. Nada se movió en la casa ni en todo el edificio, menos en el barrio, ni en la ciudad, el país, el mundo. Hasta el abuelo Patricio de allá, de muy lejos, se detuvo a contemplar la placidez del mar, el que por alguna razón misteriosa de la vida, le había entrado en ganas de quedarse muy quieto.

¡Repentinamente, el torbellino!

Un pájaro oscuro emprendió el vuelo con sus amplias alas. En la mente de Pancho apareció el inquietante jugueteo de los monos en su jaula y todas las luces del Tívoli de Copenhague funcionaron con destellos y explosiones.

–¡Dámelo!– gritó y en alemán aquello suena a orden.

El ave de rapiña cayó en picada desde las nubes y se apoderó de la presa con rápida y diestra fuerza.

Más tarde, encerrado en su cuarto, Pancho se concentró en el envoltorio y lo desató con enorme interés. Dedos ágiles. Alados. Graciosos como las patas de un cangrejo entre las olas. El grueso papel amarillento dejó al descubierto un nuevo paquete. Papel más fino, como de regalo, de cumpleaños. Felicidad y alegría, velas encendidas y la celebración, tal como se entona en Alemania:

"Hoch soll es leben..." *

El papel de regalo se abrió como una flor que amanece y muestra su esplendor más oculto. Era una prenda de vestir, tejida en lana cruda; una bufanda –pensó–, un par de guantes, tal vez. Y dentro de ella una sencilla nota, que decía:

Querido nieto:
Su sirenita es mi eterna compañía. Todos la
conocen en las islas. Reciba este gorro chilote.
No sólo lo protegerá del frío, sino además, dará
abrigo a sus sueños. Tiene una gracia tremenda.
El que se lo pone puede ver las maravillas de mi
tierra.
Su abuelo Patricio.

Se lo caló hasta las orejas. Y nada. Con los ojos bien abiertos, clavados en el liso muro, a la espera de la maravilla anunciada por el abuelo. Echado en la cama, aplastado casi por el cielo raso, cremoso y poblado de animales, héroes y misterios. Pancho se esforzó por penetrar en aquel mundo que bullía bajo las apariencias.

–¿Estás loco?– se dijo.

¿Estaría realmente en sus cabales?

Al cabo de un rato llamaron a la puerta.

–Pancho, ¿estás ahí?

*¡Qué viva!¡Qué viva bien!

–¡Mutti!

–A comer, hijo. Lávate las manos y ven. Demasiado calor. El gorro de lana era de pronto un volcán. Bruscamente se lo quitó, como si repentinamente él lo estuviera asfixiando. Lo sacudió varias veces y lo observó un instante con atención. Luego, lo ocultó debajo de la almohada y salió del cuarto.

–¿Supiste que tu hijo recibió una encomienda?

–¿Qué cosa?– respondió el padre de Pancho.

–Se ha convertido en la personita más importante de esta familia.

Pancho los miró y guardó silencio. Le disgustaba aquella situación apremiante. Pero, ¿tenía algún sentido ocultar algo que en definitiva se sabría, tarde o temprano? Además, él no deseaba guardar nada en secreto. Menos frente a sus padres, que no tenían secretos con él. Tan sólo deseaba darse un poco más de tiempo para probar lo que el abuelo le aseguraba en la nota.

Dio una violenta patada en el piso, que afortunadamente pasó inadvertida, de lo contrario le habrían regañado por su grosería. Regresó sobre sus pasos, como un salto de campana. En el dormitorio sacó el gorro de la almohada y se lo puso. Que vieran de qué se trataba, aun cuando sus esperanzas se frustraran. Apenas lo vieron presentarse en la cocina, se lo quedaron mirando como si hubiese escapado de un show de televisión. En esa facha se sentó a la mesa. Con la mayor naturalidad del mundo. Hizo un vago intento de sonreír, pero le resultó fallido.

–Ya me he lavado las manos– murmuró y las estiró hacia sus padres, para que comprobaran cuán limpias las tenía. Sintió como se encendían sus mejillas. Los panecillos con queso derretido saltaron en el hornillo y aterrizaron en un plato. Papá continuó con los preparativos, como si nada, y llenó la mesa con ingredientes y especies que sacó del refrigerador. Mamá terminó de servir. Una punta de su delantal se transformó en un guante de rosas y en ellos envolvió sus manos. Brillaron así mismo sus ojos de encanto. Pancho tuvo la oportunidad de ver la primera de las tantas maravillas que vería, pues la expresión de asombro y encanto que tenía su madre era algo que nunca antes había observado en ella.

–¿Y esto qué contiene, chico?– exclamó la madre.

Jamás le había escuchado expresarse de ese modo. Todos soltaron la risa y nadie supo si por motivo del gorro o por la sorprendente exclamación de ella. La cocina se llenó de alegría. El queso de los panecillos se fue endureciendo, como lo hace la cera alrededor de las velas encendidas. Luego, se rieron de sí mismos. Formaban un cuadro muy divertido, en aquella cocina alemana. Mamá sintió nostalgia de su tierra y los ojos de brillar en risa brillaron en asomo de llanto. Es que así no más, de golpe y porrazo, el hijo nacido en otra patria se convertía en un niño más de Chiloé. Recordó su infancia en la isla, en un chispazo; la casa de los padres y los numerosos hermanos. Recordó los juegos, las tardes familiares en la pieza del café, las tortillas calentadas en la negra plancha de la cocina a leña. A su padre, revisando las manos recién lavadas de todos sus hijos antes de pasar a la mesa. Las interminables lluvias de invierno. El azote del viento en los techos, los crujidos nocturnos de los maderos y el leve movimiento de la casa al ritmo del mar.

El televisor en Alemania no fue encendido esa noche de recuerdos. Nadie presenció las noticias de la tarde. Mamá se mostró alegre y parlanchina. Hizo recuerdos como nunca lo había hecho. Divertidos. Sorprendentes. Como el de esos gansos que custodiaban el patio por las noches.

–Cuando queríamos ir al baño, porque allá el baño está separado de la casa, teníamos que espantarlos con la escoba. Furiosos, como perros guardianes, nos atacaban.

–¡Qué gansos!– comentó papá, bromeando.

–¡Y las camas! ¡Tan altas! Lo que nos costaba empinarnos para acostarnos en ellas. Y qué terrible tener que bajarse a media noche cuando te daban ganas de ir al baño.

–¡Y los gansos!

–Como no existía la televisión, leíamos hasta que nos daba sueño. ¡Qué manera de leer! Y a la luz de la vela, porque la luz eléctrica la cortaban a las doce en punto. En las vacaciones, sin las obligaciones del colegio, esperábamos impacientes las revistas que traía el único barco que llegaba a la isla. Eran novelas por capítulos. Cada semana un capítulo nuevo.

También habló de los fenómenos extraños que se producían en el archipiélago. Las apariciones de un barco fantasma llamado El Caleuche. La sirena Pincoya, el caballo marino, la Ciudad de los Césares, el tesoro de la Piedra de los Lobos y tantas otras historias que impresionaron a Pancho. Se acaloraba a ratos. La cabeza parecía darle vueltas. Y no era el gorro el culpable; tampoco la calefacción. Eran las imágenes preciosas que cruzaban su mente; fantasías que friccionaban su cerebro, llegando incluso a producir de pronto verdaderos destellos, como los que produce el esmeril contra el hierro.

–Cuéntame una historia completa, Mutti– y se acomodó apoyando el mentón sobre los brazos cruzados, formando un almohadón trenzado en la mesa.

–Bueno –prosiguió ella–, no sé por dónde empezar.

–Por el principio.

–Por la más conocida, ¿ya?

–Seguro, Mutti.

En el intervalo, los oídos de Pancho se abrieron todavía más y por primera vez observó los vellitos casi rubios en la parte superior de la frente de su madre. Porque la luz que provenía de la lámpara central de la cocina, colgada justo en el centro de la mesa, la iluminaba con un determinado ángulo, que hacía brillar los detalles de aquel rostro tan amado.

–El Caleuche– carraspeó un tanto antes de proseguir– es un buque, dicen, que navega sin destino fijo por los mares y a lo largo de los muchos canales de Chiloé. Se le puede ver sólo por las noches, cuando aparece entre la niebla, que él mismo produce. Navega completamente iluminado, como si en cubierta hubiese una fiesta interminable.

—¿Y qué celebran, Mutti?

—Celebran porque pueden navegar por todos los mares y visitar ciudades en el fondo de los océanos, donde yacen fantásticos tesoros. Los hombres que navegan en El Caleuche participan de esas riquezas, son sus verdaderos dueños. Por eso celebran. Siempre hay música en el buque. Pero los tripulantes no recuerdan nada de lo que ven; pierden la memoria. Saben que son ricos y no pueden decir a nadie dónde están esos tesoros. En la isla muchos dicen que el abuelo Patricio le debe su riqueza al Caleuche.

—Y si alguien, cualquiera, alguien como yo...,subiera al barco, ¿qué podría pasar?

—Eso es muy difícil, Pancho —aclaró la madre,— porque si alguien como tú sube al buque, éste se transforma en un simple madero, por ejemplo, que flota.

—Mutti... y si yo intento apoderarme de ese pedazo de madera, y trato de llevarlo a mi casa, ¿qué sucede?

—No puedes hacer eso, ¿y sabes por qué? Porque ahí mismo, al intentar tú apoderarte del madero, éste se convierte en roca, medusa, lo que sea, y desaparece ante tus ojos.

—Y ya no existe más.

—Así es. No siempre se le puede ver. No siempre. Sólo a veces se muestra. Conocí a una mujer, una vez, que contaba que ella había nacido en El Caleuche.

—¿Y Caleuche, qué significa, Mutti?

–Hay quienes dicen que significa "otras gentes", en lengua nativa. Otros dicen que, "gente transformada". Pero, también se dice que existió en verdad un buque llamado Caleuche y lo capitaneaba un marino holandés.

–Vicent van Eucht –acotó el padre.

Esa noche, Pancho durmió con el gorro debajo de sus sueños. Antes de quedarse definitivamente dormido vio muchas imágenes en el aire blanco de su cuarto. Y creyó distinguir allí ese navío antiguo, con todas sus velas al viento. Vio marineros con gastados atuendos, mecidos entre grandes olas, que cubrían los techos de una ciudad fosforescente. Y terminó por dormirse, suavemente, acunado en una supuesta cama que flotaba en el más vasto de los océanos.

Y pasaron varios meses desde entonces.

7. Recolección feliz con algo de tristeza

Era un feliz domingo. Nevado. Con sol radiante, frío seco y penetrante. La ocasión no podía ser más propicia para ir de paseo por calles y parques luciendo el maravilloso gorro enviado por el abuelo. En la ciudad había ya ambiente de fiesta. Se calculaba que esa Navidad sería celebrada con mucha nieve, lo cual llenaba de alegría a los ciudadanos, porque una Navidad sin nieve es una fiesta muy triste en Alemania.

En el centro de la ciudad, Pancho vio quioscos y puestos navideños ofreciendo bebidas calientes, comidas de la estación: carne asada de venado y jabalí. Las grandes avenidas y sus altísimos pinos lucían radiantes de tan adornados que estaban. De punta a cabo y de cuando en cuando, se oían cánticos que anunciaban la proximidad de aquella celebración tan llena de tradiciones. La ciudad brillaba más que nunca.

Pancho se esforzó al máximo para no distraer su atención. Deseaba concentrarse en las maravillas que supuestamente debía proporcionarle su gorro. Y no consiguió más que ver estrellas centelleantes y diversas luminarias que no acababan de apagarse porque al punto se volvían a encender.

Ese día le esperaba una jornada llena de sorpresas. Era la última fecha para recolectar juguetes que serían enviados a los niños pobres de Chile.

Pancho y Jaicko recorrieron aquella parte de la ciudad donde se congregaban las viviendas más tradicionales, junto al lago y al río, cortados a ratos por bellos puentes peatonales. En esas casas de verdísimos arbustos, rodeados de nieve, requirieron ambos a sus moradores por algún juguete en donación. En esta labor ocuparon la mañana completa. Consiguieron recoger dos pesadas bolsas marineras llenas de donativos. En Navidad la generosidad se acrecienta.

Por la tarde hicieron nuevas visitas domiciliarias. Antes de caer la noche, se dirigieron al centro comunitario para hacer entrega de lo recogido.

Los juguetes reunidos fueron almacenados en un gran salón. De allí saldrían al puerto para ser embarcados en un carguero que los llevaría hasta Valparaíso.

El ambiente era festivo. Se había instalado un proscenio y el primer orador fue un ciudadano alemán que se dirigió al público congregado bajo un enorme lienzo que decía:

IN CHILE DIE KINDER AUCH SPIELEN *

Muchos niños, motivados por sus respectivas escuelas, habían conseguido reunir grandes cantidades de juguetes, después de intensos días de labor.

Para Pancho aquella era una celebración muy

* En Chile los niños también juegan.

particular. Jamás había tenido una experiencia similar. Reunir juguetes había sido una actividad muy estimulante. También para su amigo Jaicko. Centenares de vecinos en aquella comunidad respondieron al llamado de esos niños con espíritu solidario. La causa no podía haber sido más noble y justa. Para los alemanes había sido una satisfacción inmensa saber que gracias a su modesta colaboración, en poblaciones y barriadas pobres de Chile, cientos de niños tendrían una Navidad digna.

Aun cuando el ambiente era de fiesta, por el éxito de la campaña, Pancho entristeció sin que pudiera evitarlo. Dar limosna nunca le había parecido un acto digno. No al menos para el que la recibe. Algo de vergonzoso había en todo aquello. Pancho se cubrió la negra cabellera con la capucha de su parka, y Jaicko no pudo hacer nada para evitarlo. Era el recurso de siempre; cada vez que las miradas se volvían insistentes sobre él. Naturalmente, eran miradas de simpatía, pero a veces, tanta demostración de afecto hacía que Pancho enrojeciera. Y lo que vendría a continuación con seguridad sería peor aún. Su padre se había dirigido al proscenio y había tomado ubicación detrás del micrófono. Se suponía que debía ofrecer una breve charla sobre la situación de su país. Pancho estaba atrapado. Recolectar juguetes había sido un hecho satisfactorio, pero dar las gracias en público, en nombre de todo un país, era demasiado. La situación se tornó insoportable para Pancho. Quiso que la tierra se lo tragara. Era la misma sensación de su primer día de Colegio. Recordó que había llegado allí con su enorme cucurucho* lleno de dulces y golosinas, al igual que todos los demás niños, sólo que él no era alemán como el resto y le habían mirado demasiado. Sentado, en primera fila, había sentido comezón y tuvo que moverse mucho en su silla para poder calmarse.

De pronto, el discurso del padre, que ya había comenzado, empezó a parecerle divertido. Con todo el esfuerzo que él hacía, era imposible que superase su notorio acento extranjero. Mientras más luchaba en conseguir una pronunciación impecable, más divertido le resultaba a Pancho la alocución de su padre. Así, fue hundiéndose cada vez más en su capuchón. Hasta que la risa brotó en forma espontánea. Algunos niños alemanes también sonrieron. Porque los equívocos del que discurseaba provocaban una tentación inevitable. La complicidad mantenida entre Pancho y Jaicko se extendió a otros niños y la velada se tornó soportable. Más valía unas cuantas cabecitas doradas cerca que cien distantes en observación constante.

---

* Tradición alemana del primer día de clases.

8. Navidad chilota

De madrugada se había embarcado el abuelo en su chalupa. Navegó a la isla donde tenía una de sus plantaciones de papas. Eran terrenos que le pertenecían desde niño y para llegar a ellos debía cruzar el anchísimo canal.

El paso de los años, ciertamente, no había sido en vano. Alejado de sus hijos, el abuelo perdía terreno en su capacidad para atender aquellos sembrados. Disponía de personal adecuado en esa isla; además, tenía allí una casa pequeña con todas las comodidades, donde a menudo pasaba varios días, cuando el mal tiempo no le permitía regresar.

Don Patricio hizo un amplio rodeo alrededor de la casa.

"Querido nieto –murmuró el abuelo, como si dictara una carta inexistente a un escribiente invisible– cómo quisiera que estuviera para la navegación de mi casa. Me la llevo a través del canal y pediré una minga a mis vecinos. Sin ellos, tamaña empresa no sería posible."

Y se quedó allí, inmóvil, sumido en sus meditaciones. Don Patricio le tomó el pulso al porvenir, imaginando la realización de un ansiado proyecto.

Se acercaba la Navidad y el Niño también

andaba de paso por los caminos de las islas. En la iglesia del poblado, los vecinos aportaban ramas de ciruelillo para el pesebre.

Don Patricio visitó las casas del pueblo y solicitó en ellas una minga a sus moradores. Cuán atrás habían quedado los tiempos en que la ayuda solidaria de los vecinos se solicitaba con un año de anticipación. Entonces, se precisaba de mucho tiempo para reunir caballos, vacunos y otros regalos aportados por los mingueros. Ahora, en cambio, al abuelo le bastaba contar con la colaboración de sus vecinos, que él no tendría dificultades en conseguir gallinas, chorizo, carne y huevos para la gran comida que ofrecería a quienes fuesen en su ayuda. Disponía el abuelo de tiempo para suplicar, además, la presencia de un tocaor de guitarra, de músicos y fusileros encargados de las descargas que señalaban los saludos exigidos por la trascendental ocasión. Tampoco faltarían, y el abuelo lo sabía de sobra, los inevitables "tapaos", esos enmascarados que, sin invitación, aparecían en la minga, regalando lo único que poseían: baile, gracia y diversión.

Don Patricio había solicitado ayuda para arrastrar su casa hasta el mar. En cada hogar que había visitado, vio nacer al Niño, junto a María y José, dormidos, desde la Navidad anterior en viejos baúles de ciprés. Despertaban después de un año, para satisfacer la religiosidad de los vecinos. Encontró don Patricio a muchos hombres, niños y esposas, ofreciendo sus canciones y versos por los caminos. Y no pudo dejar de pensar en el nieto ausente al ver a tanto chiquillo labo-

rioso. Hacían con sus manos juguetes de madera, caballos balancines y trompos de una sola lienza. Así daban
más luz a la fiesta de las estrellas encendidas.

–¿Y esto?– había preguntado el abuelo.

–Una bicicleta, don Pachi– le respondieron.

–Hermosa agregó– el abuelo. Y se quedó embe-
lesado, casi como un chiquillo, contemplando aquella
bicicleta de palo.

–Es para Narciso que está creciendo.

–¿Es que no la vende?

–¿Y para qué la querría usted?

–Para mi nieto que no conoce estos adelantos.
Si la vende, la compro.

Antes de regresar, don Patricio no pudo dejar de
visitar el bosque.

Acompañado de dos expertos, don Florencio y
su asistente, se encaminó bosque adentro. Los hombres
iban premunidos de hachas y un serrucho de dos asas.

Durante la expedición, don Patricio pensó en cómo vería Pancho todo eso; con qué ojos inocentes ob-
servaría esos árboles tan bellos y la imponente naturaleza allí reunida. De los rincones más inesperados vería
salir alguna alimaña descomunal, alguna bestia porten-
tosa, desconocida. Don Patricio se divertía imaginando
a su nieto en aquella excursión.

Por allí saltó un orejudo, entero de amarillo y
muy rojizo a la altura del cogote.

–¡Una liebre!– gritó don Patricio, casi como un
niño de contento.

54

Don Florencio y su acompañante se volvieron para mirarlo, sorprendidos del repentino entusiasmo de don Pachi ante la aparición de un animal tan común y corriente.

–Los viejos se ponen raros con el tiempo– comentó don Florencio.

Del cielo bajó la sombra de un ave que hacía giros y planeos bajo el azul todavía intenso.

–¿Lo ven? –gritó don Patricio–. ¡Por eso escapó la liebre! ¿Ustedes creyeron que había sido por nosotros? Se han equivocado. Ahí está su peor enemigo. No es el hombre el que la amenaza de muerte.

Pero dejaron de preocuparse de los animales porque habían llegado a un territorio donde yacían cientos de árboles caídos. Habían sido condenados al fuego, sacrificados en una insensata y estúpida hoguera.

–¿Es que no había aquí espacio suficiente para ellos? –protestó don Patricio, con el mismo candor de un niño.

¡Qué decepción de la humanidad producía ver aquel cementerio! Cientos de tumbas a flor de tierra y en el más absoluto de los caos.

–Me parece –comentó el anciano– que el hombre envidia la capacidad de vida de los árboles. No soporta que vivan tantos años y con qué fortaleza.

Don Florencio y su ayudante se limitaron a observar y escuchar a don Patricio, sin hacer el menor comentario.

–Esto debería ser sancionado –prosiguió–. Pero, ¿por cuál de todos los tribunales? ¿Es que existe, acaso, el tribunal que sancione crímenes como éstos? Porque ellos fueron alerces, don Florencio. ¡Alerces! La mejor madera del mundo. Pero el hombre no soporta que algo crezca más arriba de su estúpida cabeza. Por fortuna aún no ha inventado el hacha que derribe los volcanes; ni la poderosa bomba que succione el agua de los océanos; ni mucho menos el imán portentoso que arroje por los suelos a las estrellas, soles y lunas del universo.

     ¡Qué bueno que existes allá arriba, viejo amigo del alma!

     Y alzó sus brazos al cielo, entornando los ojos, como en una plegaria. Un rayo de luz dorada se filtró entre las nubes y lo iluminó de lleno.

     Revoloteaba todavía el ave de rapiña sobre la copa de aquellos pocos árboles que habían salvado su existencia.

     –¿Que no tengamos un guardián para estos bosques?

     Ninguno de los dos hombres le escuchaba. Estaban demasiado ocupados en la revisión de la madera. Don Florencio removió uno de los troncos y de allí escapó a brincos.

     –¡Un guarén!– exclamó don Patricio. Y no pudo evitar un salto hacia atrás–. ¡Esas ratas inmundas llegaron desde Noruega y nadie se explica cómo!

     –¿Dónde queda eso, don Pachi?

     –En la Europa del norte, si no ando muy perdido.

–¿Y no es allí donde vive su hija?

–No, ella está en Alemania.

–¿No es lo mismo?

–No, no lo es. Noruega es un país escandinavo, como Dinamarca. Mi nieto me habla mucho de esos lugares. Se los conoce todos.

Y mientras los hombres proseguían la búsqueda de maderos apropiados para la tiradura de casa, el abuelo se enfrascó en reflexiones que lo acercaron mucho más a Pancho. En secreto, entonces, como un crío malicioso, habló bajito, imaginando un diálogo con el nieto.

–Por suerte, lo espantamos, Pancho.

–¿Espantamos? –fue lo que supuestamente le respondió el otro.

–Sí, Pancho. Te vio la cara de vikingo, a mí la de Tacán y salió a las perdidas.

–¿Qué es Tacán, abuelito Pachi?

–Uno que se las sabe todas. Uno que sabe embaucar a los demás y aunque le soprendan en fechorías y le muelan a palos, siempre, siempre vuelve a las andadas, el muy pillo.

–¡Ah! Es como los gnomos de Alemania.

–¿Qué son los gnomos, Pancho?

Un ruido de ramas sacó a don Patricio de sus pensamientos.

–Esto nos podría servir– comentó don Florencio.

–Pienso escribirle a mi nieto –dijo el abuelo, en voz alta–. Mi nieto debería averiguar cómo fue posible que esas ratas llegaran a Chiloé desde Noruega. Imagino que no necesitará ir a ese país para investigarlo. En su escuela tendrá una buena biblioteca. ¡Ah! ¡Cómo me gustaría que también nosotros tuviéramos una en la isla. ¡Con lo que me gusta la lectura! Pancho me habla mucho de sus escritores favoritos. Alguno de ellos debe saber de nosotros, debe habernos puesto dentro de un libro. Para que mi nieto lo lea y me lo cuente luego. El puede hacerlo en alemán. ¿Sabía eso usted, don Florencio? Es un chico muy habiloso. Porque él puede leer a Humboldt en su lengua. Porque Humboldt era alemán, ¿no es así, don Florencio?

—No lo sé, don Pachi. ¿Para qué le voy a decir una cosa por otra?

—Era alemán, pues mi amigo. Fue un científico que vino a Chiloé y metió su nariz en nuestras riquezas naturales. Para saber, no más, cómo era lo que poseíamos. Y después escribió muchos libros. Humboldt debe saber con seguridad que nuestra tierra había sido visitada ya por otras gentes.

—Sí, don Pachi. No se olvide usted de los corsarios. Por aquí anduvieron los holandeses, ingleses y también de Irlanda. Si no, pregunte usted a la familia Müller.

—Entonces, ésos fueron los bellacos que nos trajeron el guarén a nuestra tierra.

Los expertos no le respondieron. Habían tropezado con un precioso coihue que crecía junto a un charco cristalino. Don Patricio reparó de inmediato en los propósitos de los hombres.

—¡Por ningún motivo!— se adelantó en un grito.

Don Florencio se volvió rápidamente e hizo un

gesto a su ayudante.

–¿Por qué no, don Pachi? El abuelo se abrazó al árbol, rodeando con sus brazos el corpulento tronco en un formidable apretón. El árbol pareció bajar sus manos desde el aire para acariciar los nubosos cabellos del anciano y poniéndole, finalmente, una coronilla verde en la calva honrosa y triunfante.

–¡Este árbol fabuloso usted no me lo corta!

–Entonces, ¿qué, don Pachi?

–Seguiremos buscando– replicó, alborozado.

–No disponemos de todo el día. Hay que cortar la madera y dejarla seleccionada.

–No hay apuro. Perderemos el día, si es necesario. ¿No está maravilloso el tiempo? Sin asomo de lluvia. Mire, don Florencio... Si mi nieto supiera... El vive en un país donde saben cuidar los bosques. Si llegara a enterarse de cómo nosotros cortamos los nuestros, me moriría de vergüenza.

Don Florencio comenzó a pensar que don Pachi se estaba chalando y se cansó de tanta monserga. Nadie le pagaba por sus servicios, lo hacía para cumplir con la minga, por absoluta buena voluntad. De modo que tomó las de Villadiego con su ayudante y buscó un tronco menos noble para enterrarle sus hachas. Así fue cómo dieron con un barranco de escasa profundidad.

–¡Eh, don Pachi!– llamó a voces, el experto.

–¿Qué ocurre?– se acercó, don Patricio.

–Aquí tenemos un precioso ejemplar.

–Pero ese árbol aún está en pie replicó el abuelo.

–Está muerto– sentenció el ayudante y fue todo lo que dijo.

–Ver para creer– dijo el abuelo. El árbol en verdad no se podía ver. Una tupida planta trepadora lo cubría por completo. Don Florencio lo había estudiado concienzudamente para convencerse de que ahí debían hincar el diente del hacha.

Al poco rato, el hacha mayor cortó primero el aire antes de caer con fuerza en el tronco. Las verdes hojas de la trepadora saltaron como lágrimas de lagarto y se abrió la blanca carne del tronco. Turno a turno, ritmo a ritmo, el abuelo vio cómo esos hombres diestros fueron venciendo la resistencia de la madera.

–De aquí sacaremos los troncos para las yugueras –comentó el experto.

Así definía él aquel par de piezas que soportarían la casa de don Pachi y se dio maña, además, para cortar largas varas que después servirían para afirmar por dentro la casa.

A don Patricio, esta vez, no le quedó más que dejar cumplir su tarea a don Florencio, ese hombre pequeño que encabezaba una empresa sólo para titanes.

9. No todo es perfecto en Legolandia

Era un sueño.

Ahí estaba lo que una tierra de fantasía tiene que ofrecer. En aquel país Pancho encontró ciudades impresionantes, levantadas con pequeños ladrillos de plástico que encajaban de manera perfecta. Edificios, calles, puentes, vehículos, océanos, puertos, islas, ríos y mucha gente; rascacielos, estadios, salas de espectáculo, casitas de cuento, supermercados, parques y centros comerciales.

Los inventores de las ciudades de ensueño tenían una especial inclinación por la fantasía y la maravilla. En aquella visita al sorprendente museo, Pancho pensó si el abuelo podía siquiera imaginar la existencia de algo semejante. Se caló el gorro de lana hasta las cejas y dejó volar la fantasía. Entonces fue que comenzó a ver casitas de madera, construidas sobre postes, los que a su vez se hundían en el agua.

–¡Ah! –pensó–. ¡De esto sí que no hay nada en el país de los Legos!

–¿Qué cosa, Pancho?

Y se sorprendió. ¿Es que no se podía estar en absoluta soledad, sin que un adulto se entrometiera?

–¿Qué cosa, Pancho, no hay en el país de los Legos? –insistió su padre, de todos, el más entusiasta con los avances de la vida moderna.

–Casas sobre pilotes que se hunden en el agua.

–¿Palafitos? ¿A eso te refieres, hijo?

–No sé si así se llaman.

–Palafitos– agregó la madre.

–Por supuesto que los hay –exclamó el padre–. ¿Piensas que sólo existen en Chiloé? ¡Pero qué chovinismo! También los hay en Taiwán, Shanghai y en cualquier ciudad que se levante junto al agua.

Pero se equivocaba rotundamente. Palafitos no había en Legolandia. Buscaron y buscaron en aquel mundo de plástico, donde se suponía estaban todos los mundos imaginables. Visitaron Europa de punta a cabo. Claro, Taiwán, Shanghai y Chiloé no estaban allí. Revisaron Venecia centímetro a centímetro; cada uno de sus canales. Nada se parecía a lo que Pancho había visto con su gorro. Entre continente y continente hicieron una breve pausa para almorzar y, posteriormente, prosiguieron la búsqueda sin darse por vencidos.

La visita continuó por Asia, Africa, pero sin resultados. De pronto la madre de Pancho se sentó a descansar y se la vio triste.

–Mutti, ¿añoras tu tierra? –Pancho se sentó junto a ella.

–A veces– respondió.

–Mutti, a ti te ocurre lo mismo que a la sirenita cuando abandonó la ciudad sumergida.

Madre e hijo contemplaron largo rato al padre que siguió buscando palafitos donde no los había; con un entusiasmo que no decayó nunca, parecía un pez en

el agua, pues adoraba el orden de las ciudades civiliza-
das.

10. Una bicicleta de palo y una casa que navega

El gran paquete del abuelo llegó cuando Pancho menos se lo esperaba. Bueno, eran dos paquetes. Uno voluminoso, el que Pancho tuvo que dejar en el pasillo; el otro, más pequeño, que de inmediato halló un sitio junto al árbol de Navidad. Ambos permanecieron a la espera de la Noche Buena. La curiosidad de Pancho se había despertado con el más grande de los dos, pues el pequeño, a juzgar por su apariencia, semejaba una simple caja de zapatos. ¿Y qué gran cosa podía ocultar una vulgar caja de...?

¿Zapatos?

¿Por qué razón el abuelo le enviaría un presente de esa naturaleza? ¿No sabía, acaso, que en Alemania se usaban zapatos adecuados al clima? Para Pancho, un zapato de Chiloé nada tenía que caminar en Europa.

—Tal vez —pensó—, son maravillosos como el gorro de lana. Si con éste se pueden ver cosas fantásticas, con aquéllos se podría...

¡Qué ideas tiene el abuelo!

—¿Qué dices, Pancho?

—Mutti —replicó en un alemán atropellado—, primero el abuelo me envió un gorro... Y ahora unos zapatos.

—¿Qué zapatos?

–¿Y para qué son los zapatos, Mutti?

–¿Cómo para qué son...?

–Emplea la lógica.

–Sé muy bien para qué sirven los zapatos. Pero lo que tú supones no me parece muy cuerdo.

–Ese es el chiste, Mutti. El abuelo me envía los zapatos...

–¿De dónde has sacado que...?

–...Porque desea que yo me encamine a un lugar donde él me espera...

–¿Chiloé?

–...con seguridad. Puedo ir de vacaciones, Mutti.

–Imposible, Pancho.

–Todo es posible. Hasta los sueños.

–Razona, hijo, por favor. ¿Sabes cuánto cuesta un pasaje aéreo a Chile?

–No.

–¿Lo ves? No tienes idea de lo caro que es.

–Para ustedes, tal vez...

–¿Qué quieres decir?

–Que a lo mejor el abuelo me envía el pasaje.

¡Ah, Pancho! ¿Qué crees tú que debería hacer el abuelo para reunir tanta plata?

–Lo que ha hecho siempre. Sembrar y cosechar papas. Tiene tierras y es dueño de islas...

–Pancho, las tierras del abuelo son tierras pobres, y él no es dueño de ninguna isla. Tener tierras en Chiloé no es lo mismo que tenerlas aquí, en Alemania. Además, en Chiloé, ni siquiera existe un aeropuerto. No me imagino dónde el abuelo podría comprar un pasaje para ti. Nada, ningún argumento, consiguió apartar a Pancho de la idea que se había hecho. El abuelo, sin duda, preparaba un plan para acercarlo a su mundo. Las dudas sólo se despejarían durante la Navidad. Mientras tanto, Pancho siguió desprendiendo diariamente una celdilla de su calendario. Disfrutó mucho la sorpresa de aquel día; el confite sabía a frambuesa. El calendario era su tesoro más preciado en el mes de diciembre. Desde el primer día y con veinticinco celdillas mágicas, Pancho iba por el mes de sorpresa en sorpresa, y todas agradables. La Navidad en casa de Pancho no guardaba mayores novedades. Siempre fue una cena sencilla y solitaria. Sin familiares. Mamá preparaba una modesta mesa, adornada con velas rojas y cubiertos que eran usados una vez al año. Dieron las doce y ya habían cenado. Se abrieron los regalos. Entre los obsequios que recibió Pancho estaba todo lo necesario para seguir sobre el mundo, con sus juegos, sus diversiones, y sobre todo, sus obligaciones. También papá y mamá recibieron lo suyo. Al parecer quedaron satisfechos. No hubo quejas. No había sido una Navidad mezquina. Siempre se recibía más de lo que se pedía. Los paquetes del abuelo fueron dejados para el final. Y resultaron sorprendentes, pues todo lo que se había pensado sobre ellos resultó falso.

La caja de zapatos botó muchísimo papel picado antes de mostrar su contenido. Papel rizado como fuelle de acordeón, el que fue creciendo a medida que Pancho vaciaba parte de su contenido. Evidentemente no se trataba de un par de zapatos.

–Es posible que sean tan pequeños –exclamó Pancho, sin acabar de convencerse–, como esos que una vez trajiste de Holanda. ¿Recuerdas, Vati?

Era una miniatura. En eso Pancho no se había equivocado. Pero todos se quedaron de una pieza al ver lo que había en esa caja. Para Pancho la sorpresa fue mayor. Era la misma casa que le había mostrado el gorro de lana durante aquella visita al país de los Legos. Era la misma, sin duda.

–¡Increíble!

–El abuelo te habrá hablado alguna vez de ella. Por eso tú...

–No, Vati. Nunca. Lo juro.

–Yo, tal vez.

–Tú tampoco, Mutti.

–Coincidencia, entonces. Transmisión de pensamiento.

El abuelo se las ingeniaba para hacer que el nieto se maravillara.

Pancho leyó el corto mensaje que llegó prendido al techo de la pequeña casa de madera.

"Querido nieto:
¡Cómo quisiera que viniera a la navegación de mi casa! La llevo por mar y haré una minga con mis amigos. Sin ella, sería imposible trasladarla."

–¿Navegación?

–Me había olvidado contarte que en Chiloé las casas se arrastran. A veces por los caminos. A veces por el mar.

–¿Arrastradas?

–Sí, con toros.

–¿Y en el mar, Mutti?– y tuvo una idea. Y no esperó por ninguna respuesta. Corrió a la tina del baño, la llenó de agua y sí. La casa del abuelo flotaba. Porque el alerce de sus muros resistía no sólo el agua, sino también el viento y la sal del mar. Pancho contempló extasiado aquella construcción de dos pisos, cuatro ventanas y una sola puerta en el centro, coronada de un balconcito, descolgado del piso alto. La casa se apoyaba sobre pilotes que la separaban del agua pintada en su base.

–¿Y qué otra cosa son los barcos, Pancho?– comentó su padre–. Edificios flotantes. Nada más.

Pero los barcos no habían sido hechos para que una familia viviera toda su vida en ellos.

–¿No?

–Se podría, ¿verdad, Vati?

Una casa es más que un barco. En ella hay paredes con historia, con clavos familiares que soportan recuerdos cuyo peso va aumentando con el tiempo. Hay techos y lámparas que memorizan fiestas y celebraciones; ventanas con vidrios y cortinas que guardan voces, risas y llantos que bien podrían refugiarse dentro de un álbum; alegrías descolgadas de un perchero, sueños que cubren pensamientos y roperos cargados de prendas que dan tanta vida a la gente querida. Todo eso Pancho lo

sospechaba, lo había pensado y era incapaz de expresarlo.

Corrió al árbol para abrir el último de los paquetes recibidos. Aquella noche terminaría con una sorpresa todavía mayor. Y era enorme. Bajo el envoltorio de papeles y género amarillo apareció la bicicleta de madera.

Después del asombro, reaccionaron los tres y lo hicieron con muchas risas. Porque todos recordaron cierta vez la admiración que habían causado entre los vecinos cuando el padre de Pancho salió al parque para jugar con trompos que giraban envueltos en una larga soga. En esa ocasión, sin proponérselo siquiera, reunieron un número considerable de niños curiosos que habían observado atentamente la destreza del padre para arrojar aquel trompo por el aire y dejarlo girando sobre la tierra. Y ahora, con la bicicleta, sin pedales ni cadena, sin campanilla ni luces de reglamento... Sencillamente, Pancho sería tomado por un fenómeno en el vecindario.

Mamá lloró de felicidad y nostalgia, para no ser mezquina de sentimientos. También de asombro y maravilla; con ganas de salir corriendo a través de la distancia para abrazar al abuelo y decirle a gritos que era el viejo más lindo que jamás se haya visto.

11. Realidad hecha sueño

Por esas diferencias horarias del mundo, mientras don Patricio se preparaba a echar su casa al mar, Pancho, dormía plácidamente al otro lado del globo terráqueo.

Muy de mañana se había embarcado don Patricio para llevar las meriendas que doña Candelaria había hecho preparar para los mingueros.

Las yuntas de toros ya estaban dispuestas cuando don Patricio arribó a la isla en su chalupa. Los ayudantes del experto despuntaban a mano delgadas varas de madera, como para matar el tiempo.

Empezaba la jornada en Chiloé.

La casa que Pancho veía en sueños era la misma que el abuelo le enviara en Navidad. Ella tenía un alegre techo de color rojo y estaba protegida por tejuelas que parecían escamas de pescado. Cinco ventanas por el frente enmarcadas de verde; una sola puerta de acceso y un ventanuco loco en el segundo piso, como una rosa de los vientos que podría ponerse en movimiento, girando cual hélice y despegar del suelo con la casa entera. El suelo que la rodeaba era verde como un bello prado junto al agua.

La noche aún duraba en Alemania.

Y en Chiloé, don Florencio trabajaba afanosamente en el acanalado de las yugueras. Sus ayudantes hacían los amarres en el interior de la casa. Don Florencio había arrastrado muchas casas, por tierra y mar, con yuntas de toros y con lanchones. Jamás se le había roto nada de ellas; ni siquiera un vidrio. Reforzada por dentro, con varas de madera que la cruzaban de esquina a esquina, la casa del abuelo resistiría las sacudidas del arrastre.

El día continuaba su lenta marcha.

Pancho vio un territorio casi salvaje. Las aguas contenidas en aquellas costas, pobladas de islas que de pronto salían a flote por pura magia. Creyó respirar el aire más puro del mundo.

La noche lenta de Alemania retardaba la llegada de su mañana.

Antes del mediodía, el experto y sus ayudantes se dispusieron a levantar la casa del abuelo con sendos tornillos de madera, colocados en la base como las gatas de un auto. Al cabo de un rato pusieron las yugueras entre el suelo y el piso de la casa. Eran dos largos trineos, bajo los cuales colocaron rodillos de madera para que la casa se deslizara. Sólo faltaban los toros y la marea que anunciaría la hora precisa.

A las puertas de la casa se habían reunido los comprometidos con la minga, venidos de todos los rincones de la isla con sus aperos y animales.

La jornada había comenzado. Esperaron que el experto diese la orden para el inicio del arrastre. Habían amarrado los toros a las yugueras con gruesas cadenas. Se acallaron las voces de la impaciencia y se hizo el más profundo de los silencios. Don Patricio aprovechó el descanso para ofrecer chicha de manzana a los hombres. Se podía oír el ir y venir de las olas. Chillaron algunas gaviotas y el viento movió las hojas de los árboles cercanos.

Pese a todo, avanzó la mañana.

Lo que estaba ocurriendo era todo un misterio para Pancho. La sangre se heló en sus venas y repentinamente fue víctima del pánico. Temió que las bestias, con su fuerza descomunal, destruyeran la casa del abuelo y la echaran por tierra como un castillo de naipes que se desploma. Para él, aquella cantidad de toros era inmensa. Y bufaban como si la furia los consumiese desde las vísceras.

Monstruos, en la penumbra de la noche.

Don Florencio hizo un gesto leve con su mano. Dijo algo tan breve y apenas audible, que pareció el soplo de la brisa en el silencio profundísimo. Era el inicio de la hazaña. Al instante, un estruendo sacudió la tierra. Se alzaron los gritos en el aire; chocaron los cascos de las bestias contra los minerales de las piedras esparcidas por el terreno. Los bufidos de los toros se anticiparon a los resoplidos de los hombres y una fuerza poderosa se desató, como una tempestad en plena mañana. Los que observaban no pudieron contener el sobresalto. La casa se movió. Bruscamente al comienzo, a sacudones la hicieron perder sus raíces terrenales. En Chiloé, el mediodía estuvo cada vez más cerca.

El pánico también se apoderó de Pancho. Sorpresivamente, se halló dentro de la casa, sin explicarse cómo había entrado en ella. Allí estaba, entre los largos maderos que la cruzaban de muro a muro. Pancho pudo deambular por el espacio destinado a mesas, sillas, alfombras y aparadores.

Afuera la noche no terminaba.

El silencio era profundo todavía. Estallaron nuevamente los gritos azuzantes de los hombres. Los animales arrastraron la casa hacia el mar; hasta el borde mismo del agua que serpenteaba y humedecía las piedras.

Cuando las bestias se detuvieron y los hombres se tendieron en el terreno a esperar que la marea hiciera flotar la casa, tal como estaba escrito, don Patricio hizo servir la merecida merienda.

Entretanto, un lanchón a motor se aproximó a la orilla y preparó también sus amarras para reemplazar su fuerza por la de los toros, que ya habían cumplido la tarea. Fue el momento de mayor calma. El instante propicio para entrar en comunión con la tierra que se pisaba y con el mar del que tanto sustento se obtenía. Por eso hubo tantos signos de agradecimiento cuando el señor cura párroco se aprestó a bendecir la minga. Bendijo a los hombres, a las bestias; bendijo al lanchón y a las herramientas.

Subieron las olas, humildes y cabizbajas, anegando el primer piso de la casa. Paulatinamente la ponían a flote. Era el momento del abordaje; antes que la casa se apartara por completo de la orilla. En ella se embarcaron don Florencio y sus ayudantes.

Aquella mañana en Chiloé.

Pancho sacó los brazos por una de las ventanas. Parecía encontrarse en el piso alto de la casa.

–Y usted, abuelo... ¿no viene? –creyó haber hablado en sueños.

–Claro que sí, nieto... Pero yo me voy al pasito en mi chalupa. Iré vigilando que la casa no se enrede con las algas...

El abuelo lo dejaba solo en la aventura; sí, habitar una casa navegada sería siempre un hecho extraordinario.

Sobre las calmas aguas Pancho tuvo la sensación del diluvio. Podía desplazarse libremente por el piso superior y observar el vasto panorama a través de las ocho ventanas, abiertas a los cuatro puntos cardinales.

La noche no terminaba en Alemania.

A pleno día, en cambio, y en tierra, otros hombres esperaban con sus bestias frescas para sacar la casa del agua. Todo el pueblo del abuelo se había congregado frente a la playa para darle una efusiva bienvenida a la morada que haría crecer el caserío en la isla.

El motor del lanchón cambió de ritmo; se hizo más lento, más poderoso, como si reuniera fuerzas para gruñir de puro contento, después de haber arrastrado la casa del abuelo de una isla a otra. El día proseguía su marcha, sin tardanza.

En la noche de Pancho, la planta baja de la casa mostraba un sorprendente espectáculo. El agua llegaba a menos de medio metro de donde él estaba observando. Los muebles del abuelo asomaban al fondo, como si un peso enorme les impidiera flotar, tal como siempre ocurre en las escenas de un naufragio. Las sillas, en tanto, rodeaban la perfecta mesa y sobre ella un fino mantel blanco cubriéndola. Una jarra con flores del campo la adornaba. El sillón que esperaba por el descanso del abuelo lucía esplendoroso bajo ese cristal en constante movimiento. Y los cuadros de los muros brillantes dando destellos como si una mano invisible los puliese de un modo inagotable.

A continuación escuchó gritos alegres. Desde la casa en el agua contempló la verde isla que se presentó ante su vista. Obviamente era mucho más extensa que la de la partida.

Decenas de embarcaciones salieron al encuentro.

Fue cuando despertó del todo. Se hallaba en el baño, mirando el parque nevado detrás de la ventana. Escuchó la voz de su padre canturreando en la cocina. Sonaban los platos del desayuno, unos con otros, como si desarrollaran un duelo de resistencia. Hasta que el hervor del agua en la tetera los detuviera con su pitazo. Un nuevo día comenzaba en Alemania.

En la playa de don Patricio catorce toros aguardaban, descansados y bien parados. Dos buzos se lanzaron al agua para deshacer las amarras de las cadenas al lanchón. Otros hombres se encargarían de enganchar los toros en tierra con las yugueras que soportarían el peso de la casa pendiente arriba. Cuando todo estuvo dispuesto el arrastre se hizo con un esfuerzo todavía mayor.

Finalmente, entre gritos y vivas, la casa del abuelo subió por la playa hasta ocupar un lugar junto a la casa principal de don Pachi.

Mientras don Patricio agradecía a los hombres, las mujeres agasajaron a los participantes con una regia comida, dando por finalizada la minga.

Unos gansos correteron en el patio reconociendo la casa recién llegada, casa que también había que cuidar cuando la noche se cerrara sobre la isla.

—¿Por qué tan contento?

—¡Mutti, tuve un sueño!— mientras comía su yogurt con cereales, como si nada fantástico pudiese ocurrir en el mundo.

SEGUNDA PARTE

1. La visita de Kurt

Ocurren, sin embargo, cosas fantásticas en el mundo. Uno de esos días que en apariencia nada ofrecen, llamaron a la puerta de Pancho. Al abrir éste se encontró con un joven, alemán por su aspecto, que hablaba el chileno tan bien como sus padres. Dijo llamarse Kurt, venía de Chiloé y traía un encargo de don Pachi.

–¿De quién? –replicó Pancho en su alemán espontáneo.

–De don Patricio de Achao respondió Kurt, al tiempo que sonreía. Le causaba gracia ver a ese niño chileno que hablaba el alemán tan bien como lo hacían sus padres y abuelos.

Fue invitado a cenar y Kurt aceptó de muy buen grado. Para los padres de Pancho, la ocasión no podía ser más estimulante. No siempre se recibían visitas que llegaran desde Chile, con noticias de la patria entrañable.

Kurt quiso retirarse temprano para buscar un hotel donde alojarse, pero sus intentos fueron vanos. Los padres de Pancho no permitieron que el joven se marchara. Le ofrecieron alojamiento y Kurt sabía que debía aceptar. Así se lo había anticipado don Patricio en el momento de salir desde Chiloé a Europa. Durante la cena había surgido la inquietud por el traslado de la casa del abuelo.

–Don Pachi –aclaró Kurt– prefirió llevarse la casa por razones emotivas.

–Fue la casa de sus padres y la de su infancia– agregó la madre de Pancho.

–Pero llevarse una casa a la rastra... –seguía sin entender el padre.

–Yo pienso que don Pachi desea ofrecer esa casa a uno de sus hijos... A uno de sus nietos, tal vez...–y se quedó mirando a Pancho.

–¿Mi papá tiene la esperanza de que uno de nosotros vaya a vivir con él? –preguntó ella.

–Que lo visiten, más bien –comentó Kurt.

–Eso es más posible.

La conversación fue interrumpida porque mamá los invitó a seguir compartiendo en la sala.

–Vati, ¿cuánto demoraste en aprender alemán?

Las pantuflas de cuero no se detuvieron en su labor de ayudar a mamá con el orden de la cocina. Kurt clavó su mirada en el niño moreno que no se expresaba para nada en el idioma de sus padres. Pancho, en cambio, no despegó los ojos de los pantalones de pana café que combinaban perfectamente con esos calcetines color marrón y que tanto gustaban a su padre.

Fueron quitados la mantequillera, la panera del

Abendbrodt*, los cuatro platos servilleteros, el servicio correspondiente, la bandeja con el jamón crudo y cocido, el salame polaco, el queso y las verduras surtidas. Y Pancho no había obtenido ninguna respuesta.

—Vati…, ¿te costó mucho aprender?

—¿Nunca te hemos contado que mientras tú ibas a la guardería nosotros recibíamos clases de idioma?

—¿Cómo? —abrió tamaños ojos Pancho.

—Es lo que se hace con todos los emigrantes.

—¿Somos emigrantes?

—En cierto modo...

—¿Somos turcos?

—Emigrante es cualquier ciudadano, de cualquier país, que abandona el suyo para vivir y trabajar en otro. ¿Comprendes?

—Kurt, ¿usted también es emigrante?

—No, Pancho. Soy chileno, como tú y tus padres —respondió el joven en alemán, para sentirse más cómodo con Pancho.

—Yo no soy chileno. Y usted no es como mis padres.

—El hecho que yo descienda de alemanes, no me quita mi verdadera nacionalidad. Nací en Chile y me siento bien en mi país.

—Seguro. También yo quisiera serlo.

—¿Qué?

—Alemán— y la palabra alemán sonó dura, seca,

---

*Comida fría de la tarde.

para quedar suspendida en el aire, que de pronto se puso raro. Un largo silencio y una sombra de seriedad se apoderó de los semblantes. Por primera vez Kurt se sintió incómodo.

–Eso no es posible– se quebró el silencio abruptamente.

–¿Por qué no, Vati?

–Porque eres chileno.

–Soy nacido en Alemania.

–Algún día querrás volver a tu país.

–¿Cómo puedo querer yo volver a un país que nunca he visto?

–Nosotros regresaremos algún día.

–Ahora tendrás la oportunidad de ver Chile– dijo Kurt en un alemán tan perfecto y familiar para Pancho que se sintió entre los suyos.

Otro silencio, porque Pancho no pudo creerlo. Tampoco papá y mamá.

–¿Qué?– preguntó Pancho nuevamente, como si no acabara de comprender y deseara que le repitieran en el mejor alemán posible lo que él creyó haber entendido.

–Don Pachi me envió por ti, Pancho. Desea que lo visites en Chiloé.

–No puedo– dijo Pancho con una vocecita muy fina, sin atreverse a brincar de alegría, pues era eso, precisamente, lo que más deseaba: visitar al abuelo.

–¿Por qué no?

–Debo ir a la escuela.

–Tenemos tiempo. Yo viajaré mientras tanto por

Mecklenburgo. Quiero ver los castillos junto a los lagos, los cisnes de cuello negro, a los poetas conversando con las campanas y las cabezas de los caballos atravesando muros. Cuando termines la escuela, volamos juntos a Chile. Siempre que tus padres lo autoricen. –Y se volvió Kurt a mirar a los dueños de casa, quienes hasta ese momento se habían limitado a escuchar.

Kurt prosiguió en castellano la explicación.

–Don Patricio ha enviado un pasaje aéreo para Pancho. Y como yo deseaba venir, me ha pedido que regrese a Chiloé con su hijo. Don Patricio espera que ustedes le den permiso.

Pancho miró a sus padres; había entendido perfectamente lo que Kurt les había dicho en su idioma, para ser más preciso. Esperó pacientemente, pero con una comezón en el alma, que le disponía al brinco.

–Bueno...–reaccionó ella, con un intento de respuesta.

–Bueno...–replicó el padre. Y ahí mismo se calló.

–¿Le ha enviado un pasaje de ida y vuelta? –precisó ella.

–Sí, eso es muy importante –recalcó él–. Por las autorizaciones que nosotros debemos dar, para que Pancho viaje sin sus padres.

–De ida y vuelta –confirmó Kurt–. Entonces, ¿lo aprueban?

–Mmmm –quiso decir ella, asintiendo con la cabeza.

–Sí, por supuesto –aceptó él y se volvió a su hijo–. Tú, ¿quieres visitar al abuelo?

–¡Es lo que más he deseado en todo este tiempo, Vati! ¡Es fantástico! –y se puso a dar saltos por la sala; se enredó en la alfombra y rodó por el piso. Se levantó, se pegó en un codo y terminó de rodillas junto a su madre, de puro contento. –¿Mutti? ¿Tú crees que me gustará Chile?

–Sí.

–Cuando conozcas Chile –prosiguió Kurt– te vas a sentir tan bien que querrás ser chileno.

–Alemania me gusta –respondió Pancho–. Mis amigos son todos alemanes. Y yo quisiera ser igual que ellos. ¿En Chile seré yo tan mirado como lo soy acá?

–Quizás.

–Porque aquí, lo único que no me gusta es que me miren como un niño chileno.

El resto de la velada perdió interés para Pancho. Sus padres conversaron mucho con su huésped. Hablaron de Chile. De temas que para Pancho resultaron incomprensibles. Nombraron personas conocidas; mas, para Pancho, no eran más que fantasmas, sombras sin rostro, lejanas, sumidas, las más de las veces, en un marco sombrío. Como las sombras que a veces había en su cuarto, cuando le parecía desolador, por el desorden y el caos que en él reinaban. Entonces, sus cosas aparecían revueltas, como si un huracán las hubiese desparramado por el piso. Ropas deformes, desaliñadas, en completo abandono. Libros mal cerrados o mal abiertos, difícil saberlo. Juguetes desmembrados, quejumbrosos y descoloridos. Sin mencionar el mundo subterráneo que se ocultaba bajo la cama. Allí habitaban los fantasmas de Pancho y rara vez se atrevía a meter ahí la cabeza durante la noche. Menos si estaba solo, como lo estuvo entonces, mientras sus padres conversaron tanto con Kurt. A ratos, ellos parecieron divertirse bastante. Por momentos, se habían puesto muy serios y reflexivos. En todo caso, a Pancho le había quedado muy claro que no siempre compartieron la misma opinión con respecto a lo que hablaban. A veces, papá contaba algo que se suponía divertido, pero Kurt no se había reído. ¿Sería porque el humor de los alemanes es distinto? Papá, de pronto, se había puesto muy serio. Triste, incluso. Especialmente cuando se refería al modo en que había perdido su trabajo en Chile y lo que supuestamente había ocurrido con algunos de sus amigos. Mamá también compartió esos sentimientos. Pero ello, pareció no afectarle a Kurt. No, mayormente. Eran como diferentes. Chilenos los tres, y al mismo tiempo, distintos.

El tiempo de Kurt en Alemania llegó a su fin. Había viajado por todos sus paisajes de ensueño, tal como siempre los imaginó. Había comprobado aquello que tanto les había escuchado a sus abuelos y se aprestó a regresar feliz a Chile.

También para Pancho el tiempo de la primavera había pasado con celeridad. Después de concluir las pruebas del fin de su año escolar, Pancho se felicitó de poder presumir entre sus compañeros y amigos que sus vacaciones las pasaría en el lejanísimo país de sus padres.

2. Abuelo y nieto, por fin

Era el día. Como si el tiempo hubiese volado con ellos, en el aeroplano de Kurt llegaría Pancho a su destino.

Visitaría por primera vez en su vida esa tierra de islas, navegaciones, seres fantásticos y hombres empapados por la lluvia.

"¿Cómo se imaginará mi nieto que somos los de aquí?", pensó don Patricio. "Él, que viene de un mundo tan distinto, moderno y mecanizado. ¿Le gustará andar entre nuestra simpleza? Es posible, viejo, que se te aburra el nieto. Entonces, ¿qué harás?"

Mas, había que recibirlo, como se lo merecía. Kurt no debía aterrizar en la playa esta vez. Debería hacerlo en la cancha, en la pista de aterrizaje. La misma que había hecho uno de los hijos de don Patricio, el Lucho, el "Abre–caminos–de–Chiloé". Ese hijo suyo que anduvo por las islas, abriendo vías de acceso, por las subidas y las bajadas, bordeando las cuestas y llenando de tierra las quebradas para que el isleño pasara con sus animales y su carga.

Sí, la cancha de aterrizaje para el nieto. La que era el orgullo de todos, entre Achao y Curaco de Vélez, y que había sido hecha precisamente para esperar a las visitas más ilustres.

Con don Amador a la cabeza, los achaínos se dirigieron a la pista, con todo lo necesario para recibir al pequeño aeroplano proveniente del continente. Se fueron con músicos que interpretaban tonadas y piezas risueñas. Las señoras, como también las hijas, llevaban los alimentos que serían servidos en honor del huésped. Así podrían los vecinos sentarse a la mesa con el invitado y ofrecerle las cuatro comidas del día, porque dígame –decían– con seguridad no ha probado bocado en todo el viaje.

–¿Cree, usted, que le darían de comer?

–El gringo cuando viene en su avioneta no prueba alimento.

–¿En el aire?

–¿Cómo se ha de poder?

–Imposible, hijito.

–Se marea el cristiano.

–Además, que ahí arriba no hay espacio.

–Muy estrecho eso.

–En el vuelo.

–Si apenas cabe el que se sube.

El descenso sería poco antes del mediodía. Tuvieron tiempo más que de sobra para limpiar de malezas la cancha que, al no ser usada con frecuencia, se cubría de hierbas.

Un grupo de hombres, perfectos carpinteros, construyó una ramada para proteger del sol a la visita o de la infaltable lluvia, que se presentaba cuando menos se la esperaba. Habían dispuesto, además, un sitio especial para los músicos; otro, para los discursos. Finalmente, habían cubierto el terreno con alfombras de junquillos, desde el centro mismo de la pista hasta la gran mesa del agasajo.

Un vecino de Curaco de Vélez, que por allí casualmente pasaba, había visto el ir y venir de los achaínos en la cancha. No pudo él con la curiosidad y descubrió el motivo de tal festín. Corrió a su pueblo, que no distaba muy lejos, y en un abrir y cerrar de puertas, ventanas y postigos, lo dio todo a conocer hasta hacer cundir la novelería entre los vecinos.

–¿Que qué está sucediendo?– dijeron.

–¿Que en la cancha de aterrizaje?

–¿Que los de Achao se la están tomando?

–¿Que esperan una visita?

–Pariente nuestro también ha de ser.

–Vayamos a ver, hijitos.

–¡Qué se proponen estos muchachos!

Y como no estaban dispuestos a ser menos en nada, que en todo siempre se las habían disputado a los del otro pueblo, se fueron con lo mismo y llevaron lo necesario para instalarse en el lado opuesto de la pista de aterrizaje, que se llamaba Tolquien. Y también llegaron ahí tocando tonadas y piezas risueñas con sus músicos; también alfombraron su parte del terreno con alfombras de junquillos, después de haberlo desmalezado casi por completo.

Así fue como los de Achao se vieron retratados en un espejo invisible, azul y tan transparente, que parecía el mismísimo cielo.

El asunto se había complicado, y en ello, nadie pensó mucho, porque la visita ilustre que llegaría se vería enfrentada no a una recepción, sino a dos. Los hombres concluyeron sus respectivas faenas y se echaron sobre el césped a disfrutar de la mañana. Inesperadamente, un balón fue puesto en juego, echado a rodar por la pista y ahí mismo se armó el partido de fútbol, como los que hacía tiempo no se efectuaban entre ambos pueblos.

Muy atrás habían quedado aquellos tiempos en que las competencias deportidas entre Achao y Curaco de Vélez provocaban discordias y enojos difíciles de suavizar. El último partido oficial había sido memorable. La copa en disputa había sido robada por los del equipo perdedor y nadie pudo entonces celebrar la victoria. Hasta ese día, el de la llegada de Pancho, la copa no había sido encontrada.

Mientras la espera se dilataba, jugaron todos los que estuvieron en disposición de hacerlo. Nadie se había preocupado del número de jugadores por lado, como tampoco si éstos eran adultos o niños. Ni qué decir de la cantidad de goles convertidos. Nunca se supo el resultado exacto. Cada jugador llevó su propia cuenta y fue esa, en definitiva, la única que había contado.

Las mujeres, atrincheradas en los bordes del campo, observaron no sin preocupación el partido y dieron gracias a Dios que no se produjesen riñas, lo que habría echado por tierra la excelente recepción que habían preparado.

Entretanto, la avioneta de Kurt sobrevoló primero la extensa calle del pueblo, anunciando su descenso inminente. El piloto dio por sentado que los moradores saldrían de sus casas mirando al cielo para saludar con las manos alzadas en blancos pañuelos. Mas, Achao estaba desierto.

Kurt sobrevoló una vez más el pueblo. Tan sólo un par de perros sin amo corrieron por el centro de la calle ladrándoles a las alturas.

–Deben estar en la playa –comentó el piloto a su pasajero–. Esperan allí nuestro aterrizaje.

–¿Tú piensas aterrizar en la playa? –le costó a Pancho creerlo.

–Siempre lo hago –respondió Kurt en alemán y pensó que Pancho debería empezar a expresarse en castellano.

Pancho siguió con la idea de que el aviador le jugaba una broma, porque en su cabeza no le cupo tal temeridad y falta de responsabilidad. Debía haber un sitio para que los aviones descendieran.

–Pero, ¿dónde están todos? –gritó Kurt esta vez en español. Dio vuelta en redondo para enfilar rumbo al mar.

–¿Aquí es donde vive el abuelo?

Kurt no respondió y se quedó dubitativo. Se había preocupado de avisar por radio su arribo. Enfiló rumbo al pueblo. Pancho quedó deslumbrado con el sorprendente paisaje que se observaba desde arriba. Los verdes en tierra y los azules en el mar y cielo eran tan intensos, que dolía la vista.

La avioneta dio un nuevo giro sobre el pueblo y enderezó el timón para regresar a la playa desierta. En la amarillenta calle, los perros seguían persiguiendo la sombra huidiza del aeroplano. Kurt maniobró con destreza el mando del avión y se dirigió a Tolquien, cuya pista conocía sólo desde el aire. Jamás había aterrizado en ella.

–De PMC a TLQ.

–¿Qué? –preguntó Pancho, y se atrevió a hacerlo en español.

–Del aeropuerto de El Tepual de Puerto Montt al de Tolquien. Son las siglas de los aeropuertos –y se rió convencido de haber hecho un buen chiste.

–De FRA a TLQ* –corrigió Pancho, y también le causó gracia su propio chiste.

En brevísimo tiempo el aparato sobrevoló la pista y, claro, ahí estaba el pueblo entero. No uno, sino dos pueblos completos.

Alertados los hombres por el ruido del motor, suspendieron el juego y se aprontaron a ver el descenso. Kurt hizo varios giros antes de aterrizar y más de alguien se preguntó si no era aquella una forma de saludo. Los perros, que acompañaban a sus amos, entraron en la cancha en pos del aparato que ya se disponía a descender.

*Abreviatura de TOLQUIEN.

Antes de que la nave se detuviera por completo rompió con la música el conjunto de Achao y, como si hubiesen estado concertados, rompió también con sus sones el de Curaco de Vélez. El aparato se detuvo y Kurt asomó su rubia cabeza. Se mostró satisfecho. Pancho descendió de un salto para quedarse inmóvil junto al piloto, esperando que el abuelo se acercara. Mas, don Patricio no apareció por ningún lado.

El comité de recepción, integrado por don Amador, el cura párroco, el oficial del Registro Civil y el médico, se anticipó a dar la bienvenida. Al ver esto no más los de Curaco de Vélez hicieron igual con su propio comité de recepción, integrado por el padre de los Müller, el cura párroco, el oficial del Registro Civil y el médico respectivo.

Pancho observó aquellos rostros amables y no supo qué hacer.

–Tendrás que saludarlos –comentó Kurt en un alemán susurrado.

–¿Y qué les diré?

–Cualquier cosa.

¡Pero ellos no me van a entender!

–Tienes que hacerlo en castellano.

–¿Y dónde está el abuelo?

En ese momento se acercaron los dos pueblos al avión, rodeándolo por completo. Y se produjo un reencuentro de proporciones; se palmoteaban todos con todos, niños con niños, hombres con hombres, mujeres con mujeres.

–Todos aquí son medios parientes –explicó Kurt–. Estos dos pueblos están hermanados desde siempre por lazos de sangre que se pierden en el tiempo–. Y tan cierto era lo que Kurt decía, que en su tiempo Lucho de Achao se casó con Arsenia de Curaco. Cuando los abrazos se dieron por terminados, don Amador avanzó hasta Pancho y con voz tronante inició su discurso. Lo mismo hizo el padre de los Müller.

"Hijo de esta tierra –se largó don Amador–. He aquí tus ancestros; he aquí las raíces que vienen a tu encuentro."

Don Amador hizo una pausa para tomar aire y el padre de los Müller, que no daba más de nerviosismo, azuzado por las miradas de sus coterráneos, se largó con su discurso que sonó bastante parecido al primero.

–Hijo de esta tierra –dijo–, tus ancestros te han seguido hasta aquí; he aquí tus raíces, salidas de la tierra para venir a tu encuentro.

–Sabedores somos –prosiguió don Amador, aprovechando que el otro respiraba–, de cuán lejos has venido y cuán distantes han quedado las fronteras que te separaban de tu gente. Y eso...

–...claro que sabemos de lo lejos que vienes, chico –respondió el de Curaco de Vélez–, de lo lejos que son las fronteras que nos separan, pero aquí está tu gente, y eso...

–Y eso –comenzó a molestarse don Amador con el eco que de pronto se oía de su discurso, tan

solemne–, chico, vaya que nos llena de orgullo.
Ven acá, nieto de don Patricio Alvarez, de
Achao, que si alguien ha de darte el primer
abrazo será tu abuelo y no este tío de Curaco
que pretende pillarnos con los brazos vacíos.

Y ahí mismo casi se van a las manos, el espiga-
do Amador y el pequeño Müller. Y se habrían agarrado
a forcejeos y manotazos, de no mediar la presencia de
sus vecinos que lo impidieron. Pancho aprovechó el al-
boroto para zafarse de aquella embarazosa ceremonia y
buscó al abuelo entre el gentío.

Pero, ¿dónde se había metido?

Sólo entonces apareció por fin don Patricio, para
echarle los brazos al nieto, antes que la batahola que se
había armado acabara por espantarlo.

La música que había cesado durante los discursos rompió vibrante, con bombo, acordeón, caja y tam-
bor, mientras el eco se partía en dos por las quebradas
de Achao y Curaco de Vélez.

La fiesta no llegaba a su fin, cuando Kurt se des-
pidió y puso en movimiento el único motor de su avión.
Luego, desde el aire, vio dos hileras de gente que regre-
saban a sus pueblos, dándose las espaldas, después de
haberse abrazado como no lo habían hecho en tanto,
tantísimo tiempo.

Las armonías de las dos bandas quedó largamen-
te flotando en el paisaje. La tarde había abierto una zan-
ja rosada en el cielo para que la noche dejara caer allí su
colección de estrellas.

Volando hacia el sol, el aeroplano del continente

cruzó plácidamente el gran canal y se esfumó en el aire como un punto dorado que perforaba el firmamento, tan amarillo como un damasco.

La lluvia, rompiendo todas las reglas de su conducta, postergó sus oficios para el día siguiente.

3. Invierno en Chiloé y verano en Alemania

Pancho tuvo la sensación de estar siempre de fiesta. Eran sus vacaciones y haber podido reunirse con el abuelo era maravilloso. Hasta entonces ni siquiera sospechaba lo que eso significaba. Siempre imaginó aquella relación como de inferior a superior. Sin embargo, el abuelo insistía en considerar a su nieto de igual a igual, como una camarada más. ¿Qué otra cosa si no había sido su comportamiento al demorar el encuentro entre ambos en Tolquien? ¿No se había escondido a propósito, igual que un niño, para después asomar muerto de risa?

Su primer despertar en Chiloé fue bastante más diferente de lo que hubiera imaginado. Al abrir los ojos esa mañana, se había encontrado en una cama elevada, rodeada de perillas de bronce, que brillaban más que el oro. Vagamente se acordaba, que antes de dormirse, el abuelo lo había acompañado escaleras arriba hasta el dormitorio. Recordó que la iluminación reinante era escasa y que el abuelo se había sentado a su lado, hablándole de mamá cuando niña y muchas historias más que Pancho olvidó al instante, pues se quedó profundamente dormido.

Despertó por completo cuando entró la Lucha, con una jarra de agua fresca. También dejó toallas blancas. Aquello era su baño matinal. Concentrándose en la jarra notó que un leve vapor emanaba de ella. Se dio tiempo para observar el cuarto con mayor detención. Era inmenso. En él había espacio para varias camas, pero sólo dos formaban parte de aquel dormitorio con muebles tan antiguos y voluminosos como el espacio que medianamente llenaban.

Afuera llovía. Los vidrios de las ventanas estaban empañados hasta la mitad, dejando la parte superior de ellos al descanso del agua que no cesaba de caer.

Se incorporó con pereza y se quedó unos instantes todavía en esa posición, sin decidirse del todo a abandonar la cama, la que lentamente comenzaba a enfriarse por sus costados. Era una intachable cama para abuelos, tal como se la habría imaginado, si alguna vez hubiese tenido la posibilidad de hacerlo. Porque su cama en Alemania era moderna y, por lo tanto, muy pequeña. Pero las camas de los campesinos daneses, y también las de los reyes de Potsdam, que además eran muy antiguas, no tenían una dimensión mayor que el tamaño de un cristiano. En conclusión, en asunto de camas no había nada escrito. Pensando en las posibles novedades que el abuelo pudiera darle esa mañana, se llenó de valor y de un salto abandonó las sábanas.

Se desnudó el torso y derramó agua en el lavatorio. Debía lavarse tal como lo había visto hacer en una película del oeste norteamericano, donde el héroe se quitaba la camisa y la inmunda camiseta de mangas largas, para lavarse con fuerza en un lavatorio muy parecido al que·Pancho tenía ante sus ojos.

Mientras se secaba observó las bellas flores que adornaban el lavatorio y la jarra. Contempló su rostro en el espejo; descubrió allí un nuevo Pancho, uno que se mostraba más radiante que el anterior, más feliz y con un brillo especial en la mirada. ¿De libertad, tal vez? Por primera vez, su despertar se independizaba del ajetreo diario de su padre, el que cada mañana deambulaba en pantuflas de un lugar a otro. Eran aquellos amaneceres sin sorpresas, ni menos imprevistos que a todos deslumbraran. ¿Por qué a su padre nunca se le había ocurrido salir al balcón, en pleno invierno, para gritar a todo pulmón: ¡¡¡quiero sol, mucho sol!!!?

Pancho intuía que en casa del abuelo sí que se podían hacer cosas que escaparan de la rutina. Se lo decía aquel silencio que llenaba la casa, como si nadie la habitara.

Unos tenues golpes se oyeron detrás de la puerta y Pancho se paralizó.

–¡Ein moment!* –dijo espontáneamente, como si de esa manera pudiese detener cualquier amenaza. Nadie respondió, sin embargo. –¡Un momento! –se corrigió de inmediato.

–Que baje a tomar desayuno– se oyó la voz de la Lucha desde el corredor.

*¡Un momento!

La casa seguía en silencio cuando Pancho asomó en el segundo piso. El pasamanos de aquella escalera era ancho, con una pendiente suave y lustrosa, que a Pancho lo llevó a deslizarse por él.

En la planta baja, abrió la primera de las puertas que encontró y se enfrentó a un cuarto de medianas proporciones. Había en él una máquina de coser, una pequeña mesa costurero y una anciana llena de vida que le miró de modo amable y le hizo una seña para que se acercara. Era doña Candelaria, la abuela Cañe, como la llamaban. Lo primero que hizo la dama fue mojar con saliva la punta de sus dedos para pasarlos luego por la cabeza de Pancho, con la clara intención de ordenarle el cabello.

–Buenos días, Pancho –dijo ella.

–Buenos días, abuela Cañe –respondió.

–Ve a tomar tu desayuno. La Tata y la Lucha lo van a servir.

Al salir del cuarto, su primera intención fue pasarse la mano por el cabello, pero se contuvo. Si la abuela Cañe le observara, podría sentirse ofendida. El gesto de la anciana había sido una demostración de afecto, que a Pancho, sin embargo, le pareció desusado.

¿Y el abuelo? ¿Otra vez jugaba con él a las escondidas?

En el corredor había dos puertas más. Empujó con decisión la primera de ellas y entró a un amplísimo comedor. Una larga mesa ocupaba el centro de la habitación. Junto a la pared había otra mesa, más pequeña. Una gran lámpara de loza blanca, con florcitas de colores, colgaba desde el techo. Las paredes lucían cuadros con frutas y aves muertas. Era un comedor con mucha historia, sin duda, pero sin desayuno. La mesa estaba apenas cubierta por una fina carpeta tejida a crochet y por un frutero de plaqué en el centro.

Salió del comedor y en la puerta siguiente se encontró con una sala de estar llena de muebles antiguos, tapizados con gobelinos y una hilera de cuadros con señoras de peinados recogidos, muy pasados de moda. También los caballeros que en ellos posaban lucían corbatas y bigotes como los que se ven únicamente en los libros de historia.

Más tarde, caminó por un estrecho corredor junto a la escalera y llamó a una puerta oscura, tras la cual parecía esperar la vida.La pieza era espaciosa como la mayoría de las habitaciones. Un enorme brasero ocupaba gran parte de la habitación. Alrededor de éste había dos enormes sofás, que bien podían acomodar a unas cuantas personas en ellos. A la entrada, dos pequeñas mesas eran ocupadas con lo necesario para el desayuno. Allí esperaban las mujeres. La grande debía ser la Tata y la pequeña, silenciosa y riente, debía ser la Lucha.

Ninguna de ellas abrió la boca frente a Pancho. Sólo se limitaron a servir y a mirarse entre ellas.

Al cabo de un rato entró la abuela Cañe y tampoco dijo una sola palabra. Parecía terca, pero en definitiva, tenía un modo muy propio de ser cálida y afectuosa.

"Preferiría que me diera un beso" –pensó Pancho, temiendo que la abuela intentara bajarle con saliva el tieso mechón.

La abuela dio una serie de órdenes, tan rápido, que Pancho fue incapaz de entender nada de lo que dijo. Quiso preguntar por el abuelo, pero se contuvo, pues la abuela se mostraba empecinada en hablar con él lo menos posible. ¿Por qué? No lo sabía. Después del desayuno todos parecieron esfumarse en la casa.

En el patio, que también era inmenso, había un frondoso y variado jardín. Allí Pancho encontró a un criado, al que todos llamaban Pellillo. Él tuvo la gentileza de explicarle algunas particularidades de la vida en el lugar.

Juntos bajaron a la playa y Pellillo le mostró al visitante la otra chalupa del abuelo. Era también blanca y estaba en la arena, bastante retirada del mar, a la espera, quizás, de la llegada del verano para salir a navegar.

Sólo entonces supo Pancho que el abuelo había salido muy de mañana en su chalupa. Había ido a la isla Lin Lin. Allí también tenía tierras de cultivo y una casa igualita a la que se había traído por mar.

—Algún día será mía —dijo Pellillo.

—¿Qué cosa? —se atrevió en español Pancho.

—Esta chalupa.

—¿Y por qué?

—Me la ha prometido.

—¿Qué?

—Regalármela. Cuando me case.

—¿Y cuándo será?

—No lo sé. Ando detrás de la novia.

La hora del almuerzo llegó más pronto de lo que Pancho esperaba. Era evidente que había desayunado bastante tarde.

Almorzó solo en la enorme mesa. Rodeado de esos cuadros con frutas y aves muertas. La abuela se sentó en la mesita pequeña y desde allí sirvió los platos. No lo acompañó en la gran mesa. Esto desconcertó bastante a Pancho y hasta llegó a pensar que había cometido alguna falta y que la extraña actitud de la dama era una suerte de castigo.

Cada vez extrañaba más al abuelo.

Por la tarde, el tiempo transcurrió con más rapidez.

De cuando en cuando, la abuela Cañe enviaba a Pellillo hasta el fondo del patio para ver si en el horizonte aparecía el velero del abuelo.

Pancho prefería la amable compañía del criado antes de quedarse en casa con las mujeres, demasiado ocupadas en sus quehaceres domésticos.

–De todo esto le hablaré a mamá cuando le escriba– dijo Pancho y se alegró de poder hacerlo en alemán. Con ello, su intimidad no sería violada. –Y le hablaré de la casita navegada. Es la que vi en sueños.

Pancho había descubierto la casa en el gran patio posterior y desde el primer día no resistió la tentación de entrar en ella, para verla en su interior. La puerta de la casa estaba atorada y fue imposible abrirla. Pero consiguió entrar por una de las ventanas. La planta baja permanecía igual como la habían arreglado los expertos, con esas varas que la cruzaban de esquina a esquina.

Entre palo y palo, Pancho subió a la planta alta y una vez allí, mirando al mar, evocó aquel sueño, cuando viera la casa llena de agua, como una pecera. El lugar le resultaba misterioso. Hubiese deseado permanecer allí todo el tiempo, hasta que el abuelo regresara. El Pellillo, sin embargo, le aconsejó abandonar la casa, por causa de la humedad que podría hacer que Pancho enfermara.

En todo caso, cada vez que pudiera intentaría escapar al interior de aquella vivienda, que tanto le gustaba.

4. Queridos Vati y Mutti

Mientras él se quedaba plantado en el primer piso, ella no se contuvo. Había encontrado la carta en el casillero y subió corriendo los escalones.

–¿Podrás tú solo con las bicicletas? –le gritó desde el ascensor.

–Por supuesto –respondió él, para dirigirse a continuación a la bodega, que se hallaba en el sótano.

–Deberías cambiarte de ropa –dijo él apenas volvió.

–Es de Pancho –exclamó ella, sin mirar al esposo, el que, en ese preciso momento, había empezado a quitarse las ropas completamente mojadas.

–¿Quieres que la lea en voz alta?

–Bueno –respondió él desde el dormitorio.

–En castellano, porque en alemán...

–Deberías hacer un esfuerzo.

–Es que pronuncio pésimo. Y para que te estés burlando...

Y empezó a traducir la carta de Pancho.

"Queridos papá y mamá:
Hoy hemos ido con Pellillo a encontrar al abuelo que regresó de Lin-Lin. Fuimos enviados por la abuela Cañe. Después del almuerzo, hemos pasado en eso. Cada vez que volvíamos a la casa, la abuela nos enviaba de vuelta a la playa.

*Ha llovido casi todo el día. La abuela temía que
el abuelo no regresara. Felizmente, de tanto ir a
verlo al horizonte, vimos aparecer un puntito
negro en la lejanía. Yo he sido el primero en
descubrirlo. Pellillo se asombró por mi buena
vista. Pero yo creo que fue nada más que el
resultado de mis deseos.*
*¡Sí, es don Pachi! –dijo Pellillo. Y salió corriendo
a la casa para avisar. Porque la abuela Cañe
mandaba a preparar ropa limpia y seca."*

Después, Pancho contó que no se había movido
de su lugar de observación. A pesar de la fina llovizna,
que no había cesado ni por un instante. El cielo se acla-
raba a ratos en el horizonte y por allí penetraba la luz
del sol, a través de las voluminosas nubes, creando to-
nos rojizos y amarillos, que Pancho jamás había visto.
Había sido un espectáculo para él. Más al oriente, vio
un arco iris clarísimo, como recién lavado por la lluvia.

*"Es por usted que regresa –había comentado
Pellillo–. Con este mal tiempo, se habría
quedado en la isla".*

El punto, en que navegaba el abuelo, creció paulatinamente. Hasta que se convirtió en un pincelada
blanca sobre el negro mar. El velamen, primero, para
dejar lugar a la embarcación entera.

"Esos momentos me parecieron siglos".

En ese punto, ella tuvo que interrumpir la lectura.

–Yo sigo –le había dicho él–. Quítate esas ropas o te vas a resfriar.

La madre de Pancho fue al baño por una toalla y luego al dormitorio por ropa seca.

–¿Escuchaste cuánto rato estuvo bajo la lluvia?

–Me pareció que dijo llovizna...

–Peor, todavía. ¿Sabes tú cómo llueve en Chiloé?

–No será peor que el aguacero que nos sorprendió hoy al volver de la playa.

–Por suerte lo obligué a llevarse la parka de invierno. No había forma de convencerlo.

–Como aquí estamos en verano... ¿Cómo querías que se imaginara a Chile en pleno invierno?

–Estoy segura que el abuelo lo encontró mojado como diuca*.

–¿Sigo leyendo?

–Sí, por favor.

La abuela Cañe dijo que el abuelo venía mojado como diuca, cuando lo vio descender de la chalupa.

–¡Abuelo! –había corrido Pancho al encuentro del viejo, con la intención de abrazarlo, y no le importó que la abuela Cañe tuviese razón. Don Pachi estaba empapado de pies a cabeza. Y sonreía feliz, como un chiquillo después de una hazaña.

*Ave chilena.

¡Y el velero lleno de ovejas, Mutti!

–¡Qué barbaridad! había –exclamado la abuela–. Usted llega como un estropajo.

El abuelo se había dirigido a la casa. Pancho le siguió los pasos. Se cambió de ropa en el patio, porque en esas trazas, la abuela no le permitió entrar. La Tata y la Lucha le habían preparado ropa seca.

–¿Y qué ha hecho el nieto? –le había preguntado.

–Te estuvimos esperando, abuelo –se le había escapado a Pancho.

–Aquí no se tutea, m'hijo. Usted me trata de usted y yo de usted lo trato. Y no por eso hay menos cariño.

Seco y vestido, volvimos a la playa. El abuelo quiso ver que la niña Lucha condujiese bien las ovejas hasta el corral. Quiso también ver que el Pellillo no olvidase ningún detalle al sacar el velamen de la chalupa y que la dejara en lugar seguro.

Volvimos a la casa. Había empezado a llover de nuevo. Esa noche, la abuela Cañe nos dio de comer en la mesa grande.

Pero ella se quedó en la mesita del lado, como siempre. Para los abuelos esto es lo más natural.

Aunque yo no lo comprenda, porque en nuestra casa comemos los tres en la misma mesa.

Los empleados comen en la pieza del café. Después les hablaré de la pieza del café.

5. Feierabend* en Achao

Le acabo de escribir a Pancho –comentó la madre.

–¿No vamos a darle la sorpresa?

–Me gustaría anticiparle algo...

–Está bien. Después le escribes desde Santiago.

–Sí. Apenas lleguemos.

–Pancho estará pensando en volver a la escuela en Alemania.

–Le pedí a mi hermana que me buscara un buen colegio para él en Santiago.

–Esa sí que va a ser una sorpresa.

–Esperemos que le guste.

–¿No dice en sus cartas que está feliz con el abuelo?

–Pero en Santiago no va a estar con el abuelo.

–En todo caso estará más cerca que viviendo en Alemania.

–A veces, ir de Santiago a Chiloé resulta tanto o más difícil –confirmó ella.

–No hay comparación.

–Bueno, ya le escribí. Tenía que contarle que hemos decidido regresar a Chile con camas y petacas.

---

* Tiempo libre después del trabajo.

Querida mamá, querido papá:
Les sorprenderá que escriba en español. Hablo
todo el día con el abuelo y ya no me resulta
complicado. Al principio, cuando el abuelo me
presentaba gente del pueblo, ellos amablemente
hacían preguntas. Yo me ponía tartamudo,
porque suponía que debía responder en el
idioma de ellos y no en el mío. ¡Cómo los
extraño! Me gustaría que estuvieran aquí,
conmigo. Es divertido estar con el abuelo, Pero
ya siento deseos de regresar para abrazarlos y
besarlos, mucho, pero mucho, mucho, mucho.

¿Al volver, me habré olvidado del alemán? Sería
terrible que así fuera. Pero puedo pensar en
alemán sin problema. Por eso no creo que me
haya olvidado por completo, porque... además,
¿saben lo que hago cada noche en la pieza del
café?

– Y ahora mi nieto nos va a cantar en alemán!...
–había dicho el abuelo y pasó a invitar a las visitas a que
se acomodaran alrededor del brasero. El abuelo había
organizado varias noches, veladas junto al brasero. Al
principio, habían sido invitados don Amador y sus
músicos. Las veladas en la pieza del café habían
transcurrido entre cantos chilotes y las incomprensibles
pero bellas canciones que Pancho interpretó. Los
músicos de don Amador fueron perdiendo la timidez y
Pancho terminó cantando con bombo, guitarra y
acordeón, a la manera chilota.

Queridos papitos, el abuelo quiere llevarme a la
fiesta del Cristo de Caguache, en una isla

bastante lejos de acá. Por primera vez haré un viaje largo en su chalupa.

Los quiero mucho.

Pancho.

6. Entre paréntesis

Querido hijo:
Como habrás notado por el remitente, te
escribimos desde Santiago. Estamos en casa de
tu tía mientras nos arreglamos con algo propio.
Tenemos un buen colegio para ti. Es pequeño.
Pensamos que será mejor para que no extrañes
tanto el cambio. Como sabes, en Chile, el año
escolar comienza en Marzo, de modo que te
integrarás a un curso que lleva medio año de
clases. Pero no te asustes. Te harán un examen y
según los resultados, te pondrán medio año
adelantado o medio año atrasado. Por tus
conocimientos, tenemos plena confianza que
serás bien calificado. Seguramente vas a tener
dificultades en historia y geografía de Chile.
También con el idioma. Pero ya hablamos con el
director del colegio y todos van a ayudarte.
Cuéntale esto a tus abuelitos. Seguramente se
pondrán muy contentos. Diles que los queremos
muchísimo.

Tus padres que te besan.

7. Caguache

Esto es algo que debe ver antes de regresar con sus padres –le había dicho el abuelo, mientras preparaba la embarcación para el viaje a Caguache.

El entusiasmo de Pancho creció, pues hacía tiempo que deseaba hacer una larga travesía a bordo de la chalupa. Dar vueltas en un simple bote a remos por la bahía no era tan emocionante. Al fin podría navegar en el mar.

Entonces, pensó cuán largo habría sido el viaje de su casa desde Alemania a Chile. Según lo que había contado su padre, embarcaron todo cuanto poseían en una nave que zarpó de Hamburgo con destino a Valparaíso.

–¿Me habrán traído todo? –le comentó al abuelo.

–¿No dicen que embarcaron la casa completa?

–Igual que usted.

–No, nieto, claro que no. ¿Se imagina lo que significa hacer navegar una casa a través de...?¿Qué océano fue el que me dijo?

–El Atlántico.

–Eso es enorme, nieto. Aquí en Chiloé tenemos mar... pero, un océano, eso es otro cuento.

Para Pancho no había diferencia. Hubiese querido leer al abuelo la última carta de sus padres. Para que se enterara cómo la casa de Alemania había sido empacada en un container.

Al momento de embarcar Pancho tuvo la primera decepción del viaje. No era el único tripulante, como había deseado. A la chalupa subieron varios pasajeros más. Tantos como la chalupa pudo soportar. Se había equivocado al pensar que el velero estaría libre para él. Ya no podría moverse a su antojo.

Pancho fue ubicado en el centro de la chalupa, muy cerca del abuelo, pero entre dos personas mayores que lo protegían. Más tarde entendería el porqué de tal disposición.

El mar, muy calmo a la salida de Achao, se puso muy agitado a medida que la embarcación se alejaba de la costa. Grandes olas hacían que la chalupa cursara una navegación inquietante. Entonces Pancho agradeció la ubicación que el abuelo le había designado. A la media hora de navegación, el mar los había mojado a todos. Sólo él se salvó.

Caguache se puso a la vista. Un gran número de embarcaciones, similares a la del abuelo, se acercaron. Estallaron los cánticos. Pancho creyó escuchar el tañido de campanas y una que otra explosión de fusilería.

–¡Son los saludos!– gritó el abuelo desde su puesto junto al timón.

En la costa había ya un grupo numeroso de estandartes y cruces. Cantaban y hacían sonar sus instrumentos musicales. Varios botes portaban imágenes de santos a bordo.

Muy pronto las embarcaciones invadieron la

playa y sus tripulantes descendieron para dirigirse a una extensa explanada verde.

El único templo de la isla había echado su campana al viento y el sonido repicaba en los cientos de fieles congregados.

A la entrada de la iglesia esperaba un sacerdote. Les dio la bienvenida, la paz y la cordialidad a todos los fieles.

El Nazareno esperaba ser sacado de la iglesia para iniciar la procesión. Diez hombres lo llevarían sobre sus hombros.

–Este Nazareno –explicó el abuelo– tiene su historia. Hubo un incendio en este templo y se quemó entero. El Nazareno fue salvado por sólo dos hombres. Algo imposible. Mientras lo rescataban, la campana repiqueteó sin que nadie la tocara. ¿Puede creerlo, nieto? A mí me cuesta.

Pancho miró a su abuelo, pero ni una palabra salió de sus labios. El abuelo, sin embargo, no se dio por vencido ante la aparente incredulidad del nieto.

"Es lógico –pensó don Patricio–, viene de un continente donde los milagros no existen."

–¿Sabe lo que se cuenta de este Señor? – volvió a la carga el abuelo.

–No.

–Se dice que era un anciano que anduvo mucho por este mundo. Paraba en los campos donde había alguien sembrando. Y les preguntaba: "¿Están sembrando, hijitos?" Y la gente respondía de modo tonto: "Sí. Estamos sembrando piedras, abuelo." Al día siguiente aparecían los terrenos sembrados con piedras y no con la siembra verdadera. En cambio, aquellos que le prestaban consideración por sus años, esos podían ver lo bien que producían sus sembrados. Por eso ahora la gente de las islas no desea verlo mal trajeado, como un pobre anciano. Usted verá, nieto, cómo le hacen túnicas y regios vestidos todos los años. Después, cada peregrino lleva consigo un trocito de la túnica antigua, así el Nazareno los protegerá.

El abuelo interrumpió su relato porque en ese momento los fieles se dirigían a la playa para presenciar la competencia de chalupas.

Cada embarcación llevaba su respectivo patrono, con seis remeros a bordo.

—¿Qué es un patrono?

—Es el santo que los protege. Cada isla tiene el suyo.

Como a las chalupas les faltaba bastante para llegar a la meta, el abuelo tuvo tiempo de sobra para iniciar un nuevo relato.

—Esto pasó hace una porrada de años.

—¿Qué cosa, abuelo?

—Lo que ahora le voy a contar, nieto. —Don Patricio miró unos segundos hacia el mar, y en un suave hilo de voz, prosiguió—. A estas islas llegó un sacerdote llamado Fray Hilario. Recorrió el archipiélago completo para hacer su ministerio. Andaba solo el hombre en su bote, mostrando la imagen del Nazareno. Buscó un lugar donde establecerse. Consideró esta isla, Caguache, como la más indicada. Había aquí abundancia de agua dulce de vertiente, durante los doce meses del año. Era Caguache, además, el centro de los cinco pueblos. Y los cinco habían aceptado la idea de levantar un templo. Cada pueblo, Alao, Apiao, Tac, Chaulinec y Caguache, querían que su templo fuese el que guardase al Nazareno. Antes que comenzaran las disputas entre ellos, Fray Hilario propuso que cada pueblo, a su turno, tuviera la custodia de la imagen. Pero debían ganarla en libre competencia. Así nació esta carrera de chalupas. Según dicen, siempre ganó Caguache. Y a nadie le pesa.

Las palabras del abuelo resultaron sabias, una vez más, porque la competencia terminó y fue ganada por Caguache.

En seguida vino la procesión de banderas, grandes banderas patrias. Acordeones, cajas, bombos y tambores acompañaron a una cruz muy alta, rodeada de grandes cirios bien ornamentados.

Sobre la verde explanada se formó un cerco rectangular. Los patronos formaron filas con sus fieles; situados unos frente a otros, como si se tratara de un duelo entre guerreros. Avanzaron. Se hicieron reverencias y batieron las banderas, haciendo dibujos en el aire.

Sorpresivamente, se lanzaron unos contra otros, cual mortales enemigos; las banderas transformadas en espadas.

El abuelo, que todo lo explicaba con santa paciencia, así le habló al nieto.

—¿Se le ocurre a usted, de dónde puede provenir esto?

—No, abuelo.

Algunos siglos atrás, vivían en estas islas ciertos caciques que se hacían la vida imposible. Eran luchas continuas. Con la venida del Señor de Caguache, el Nazareno del que le hablaba, se propagó entonces aquí su palabra. Los caciques aprendieron que la doctrina es de perdón y amor. Doblegaron ellos sus duras cabezas para terminar hermanados, en señal de paz. Por la tarde, después de la misa, se hizo la gran procesión de imágenes.

–Prepárese, nieto.

–¿Para qué, abuelo?

–No demora el aguacero.

El cielo había estado despejado aquel mediodía. Pancho apenas si tuvo tiempo de cubrirse. Repentinamente se puso negro, no más el abuelo había concluido de hablar, y se había largado a llover que fue un gusto. La procesión, sin inmutarse, prosiguió como si nada, como si aquellla agua no mojara.

Estallaron nuevamente los cantos, la música de las bandas y flamearon las banderas y estandartes. Había comenzado la despedida.

Don Patricio embarcó a su gente en la chalupa. Desde la orilla un puñado de lugareños lo despidieron agitando pañuelos blancos. Largo, largo estuvieron contemplando la isla que se alejaba, que se perdía porque era mucho el mar que la cubría, protegida de la oscuridad tan vecina.

Pancho sintió que entraba a un nuevo sueño. Y habría temblado de susto, si hubiese sabido lo que vendría. La presencia seria del abuelo, junto al timón, lo llenó de confianza. En verdad un sueño. Tan bello, que ningún libro podría contener. Música en el aire. Cantos en el habla. Habla que volaba en la mente y en el alma, pues todos entonaron cantos al ritmo que marcaba el mar; preciosa cuna.

–Gracias, abuelo– murmuró, mas nadie le escuchó.

Caguache se había ido. Y la otra tierra, la del abuelo, comenzó a divisarse a lo lejos. Cada vez más próxima, como para no temer ante nada. Pero la mar, celosa por sus hijos que la acariciaban y que pronto tocarían tierra, para perderse en el interior de sus casas, pareció no desear despedirlos tan pronto. Quiso retenerlos; se picaron las olas y la chalupa se hundió cada vez más en un oleaje pronunciado y abismal. Pancho se vio cogido por una pesadilla. De vez en cuando se volvía para ver al abuelo en el timón y recibir de él esa confianza y seguridad que siempre supo infundir. El abuelo permaneció inmóvil en su puesto. Resultaba difícil ver la expresión de su rostro. ¿Rezaba?¿Tenía miedo él también? Pancho empezó a sentir que se mareaba. Una mano, sorprendentemente cálida, le cubrió la frente y algo de alivio recibió en ese gesto amable.

TERCERA PARTE

1. En Santiago

—El abuelo, si viniera a Santiago, se moriría.

—¿Por qué lo dices? —exclamó la madre, sin dejar de hacer arreglos en la nueva vivienda.

—Le faltaría el aire.

Pancho se esmeraba por hablar sólo castellano. De nuevo había comenzado a tartamudear.

—¿Por qué... Santiago no... tiene...?

—¿Verde?

—Eso.

—Porque se ha construido demasiado.

—Además de... espacio... el abuelo no... tendría... agua. Tu Santiago, mamá... ,es demasiado... seco.

Y su mirada fue a estrellarse contra los edificios del frente y también chocó con los de sus costados. Más allá, una calle y un remedo de verde, casi una plazoleta.

—Mamá... ,¿no podemos... invitar al abuelo... por unos días?

Ella se alegraba que Pancho hiciera esfuerzos por expresarse. Pronto debería ir al colegio y para entonces, tendría que estar preparado. Los niños suelen hacer bromas, se mofan y de ordinario, son demasiado crueles.

—No, Pancho.

—¿Por qué?

—El abuelo no disfruta cuando sale de Chiloé.

—Además, tiene... mucho trabajo.

—Así es.

—Con la... nueva casa... cuando seque... por dentro... tiene que...

—Habilitarla —mamá se puso inquieta.

—¿Qué es eso?

—Hacerla habitable... Lo que hacemos nosotros ahora con esta nueva vivienda. Muebles, cortinas, adornos. Todo eso.

—¿Iremos a... visitarlo?

—El próximo verano, quizá.

—Lindo.

—Tú no eres el único que desea verlo. También yo...

—Lindo. Y... ahora el abuelo... tiene dos casas... y quiere que una... la ocupemos.

—¿El te lo dijo?

—Yo tengo mi... dormitorio... propio.

¿En Santiago, Pancho también se moría?

Bajó a la calle y se dirigió a los jardines del condominio. Encontró niños jugando. Demasiado pequeños para establecer amistad con ellos. Más allá, tras las rejas de fierro, jugaban otros chicos. Pateaban un balón de cuero. Demasiado grandes para Pancho. Entre todos ellos, él pasaba inadvertido. Muchos tenían la cabeza tan negra como la suya. Eso le agradó sobremanera.

En tal situación, no le quedó otro camino que vagar sin sentido por los alrededores, hasta que ocurriese un hecho extraordinario.

Debes tener mucho cuidado –le había advertido su madre–. Santiago es una ciudad llena de riesgos. Estás habituado a la seguridad de Alemania. Pero, aquí tienes que tener mucho cuidado. Especialmente con los extraños.

Pancho sabía que a mamá le fastidiaba tener que desconfiar de la gente. Pero...

Una muchachita rosa pasó corriendo por su lado. Un muchachito azul la seguía. Y era un descortés y abusador, pues iba él en bicicleta, haciendo piruetas.

Pancho se sentó en un escaño y se dedicó a observar lo que ocurría a su alrededor.

Los pequeños se revolcaban en la tierra. Los grandes, dándose de patadas, a más no poder.

"Necesitan un árbitro", –pensó Pancho–. "Alguien que reglamente sus juegos."

Se levantó con la intención de ir donde los muchachos a ofrecer humildemente sus servicios. Deseaba decirles que cometían un error al jugar sin árbitro. Necesitaban alguien neutral, imparcial; un desconocido, un extraño, extranjero, emigrante que no tomara partido por ninguno de los bandos. Deseó decirles todo eso...

"¿En qué idioma?"

Añoró el parque frente a su casa en Alemania. Le hicieron falta sus amigos del barrio, para tener con quien entenderse. Debería escribirle a Jaicko.

–¡Ocho seis!

–¡Siete seis!– corrigió el otro, a gritos.

–¡Tramposo!

–¡Ocho cinco!

–¡Siete cinco!

–¡Son unos tramposos!

–¡Tu abuela!

–¡La tuya!

–¡Ocho seis! ¡Sigamos!

–¡No juego con tramposos!

–¡Oye! ¡Déjanos la pelota!

–¡Es mía y ustedes son unos tramposos!

–¡Déjala!

–¡Pídesela a tu abuela!

–¡Ya! ¡Siete seis! ¡Sigamos!

–¡A siete!

–¡Tramposos!

–¡Un árbitro!– gritó Pancho con todas sus energías.

Los dos equipos se volvieron para mirarlo.

–¡Un árbitro!– repitió más bajo.

Ahí delante de ellos tenían un cómico tipejo. Pancho permaneció impasible. Como si los muchachos fuesen de cartón, maniquíes de un escaparate. Ellos lo rodearon, observándolo de arriba abajo. Notaron que llevaba ropas demasiado anchas. Pantalones que parecían dos o tres tallas más grandes. En los tobillos, las bastas eran un solo arrugón, trompas de dos elefantes viejos, husmeando en unos zapatones de cuero gordo y mal abrochados.

–¿Qué necesitamos?– abrió su bocaza uno de ellos. Amenazante. Intentaba intimidar al intruso.

–Un árbitro.

–¿Y para qué?

–¡Siete a siete! ¡Juguemos!

–Nooo. –Insistió Pancho–. Necesitan un árbitro. Ustedes... nunca podrán... ponerse de acuerdo.

–¡Oye! ¿Quién pipi... dididió esta Cocococa... Cocola?

Las risas que estallaron hicieron creer a Pancho que estaba a punto de perder el sentido y sintió que su cuerpo se estremecía como una hoja en el viento.

–De nada... les servirá... reírse –reaccionó, sin embargo, demostrando más seguridad de la que creía tener.– Ustedes... precisamente ustedes... necesitan un... árbitro.

Y se dio media vuelta para marcharse.

2. Corto viaje, larga carta

Querido abuelo Patricio:
Hoy fuimos a esperar nuestra casa al puerto de
Valparaíso. Fuimos en un tren eléctrico. Papá
dijo que éramos los últimos pasajeros. El tren
será desarmado; quitarán la locomotora y los
carros de la línea. Papá dice que la Estación
Mapocho será convertida en otra cosa.

Pancho no alcanzó a concluir su carta al abuelo,
pero siguió reflexionando al respecto. ¿Cómo lo harán
para quitar tantas líneas férreas? No es tan simple.
Cuando Pancho instaló con su padre el tren eléctrico en
la casa, recordó que había sido todo un lío. Habían tenido que desarmarlo para poder meterlo dentro de un clo-
set.

En mi casa de Alemania, que llegó a Valparaíso,
viene mi tren eléctrico. No sé si podré ar-
marlo, abuelo. El departamento donde vivimos
ahora es más pequeño todavía y está vacío. Sólo
tenemos las camas.
Abuelo, debo apurarme con la carta. Si quiero
que la lea sin faltas tendré que consultar a ma-
má. Ella me corrige todo.

Debía pensar muy bien lo que le diría a continuación. Recordó, entonces, cada detalle de su viaje al
puerto, que resultó más corto de lo esperado. Era el via-

je más corto de su vida, pero el más entretenido. Tan
bellas las quebradas y colinas del paisaje...

Y las estaciones, abuelo, con vendedores y ca-
nastos llenos de cosas para comer. Todo muy
dulce. Y no comprendo por qué el papá se puso
extraño. Mezcla de alegría con tristeza. Pienso
que se acuerda mucho de los años pasados. Eso
siempre les pesa a los mayores. ¿Por qué, abue-
lo?

Después, Pancho y sus padres habían visitado el
puerto, pero no consiguieron ver su casa. Les dijeron en
la aduana que faltaban ciertos papeles por firmar, revisar
y timbrar. Almorzaron y dieron un largo paseo en bote
por la bahía. Desde el mar el puerto le pareció enorme a
Pancho. Más grande que Hamburgo.

Es que es diferente, abuelo, porque en Hambur-
go, no se puede ver el puerto desde la ciudad. A
veces entran los barcos por un gran canal y los
edificios están lejos de las grandes embarcacio-
nes.Valparaíso, en cambio, rodea los barcos con
calles y cerros.

Después del paseo volvieron a la aduana y tampoco pudieron ver la casa.

Papá quiso que volviéramos de noche a Santia-
go. Quiso que viéramos los cerros luminosos.

El regreso se le había hecho más largo. El paisaje había desaparecido de la ventanilla del tren y los pa-

dres de Pancho terminaron por quedarse dormidos.

Pero a mí no me importó, abuelo. Así pude quedarme solo con mis pensamientos. ¿Abuelo? ¿Se ha ido usted de paseo con su chalupa? Sabe, me gustaría cruzar el mar en su casa de alerce, como si fuera la cuna de los sueños. Una vez yo tuve ese sueño. En su casa duermen las fantasías. Con su casa de alerce yo iría a buscar la mía que espera todavía en el puerto. Y de ahí la haría navegar hasta su isla, abuelo. Y también me gustaría enviarle un barco trasatlántico para llevarlo a usted navegando por todo el mundo que no ha visto.

3. Muchas cartas y entrevistas

Pancho se halló sentado frente a un escritorio donde le habían puesto varios papeles impresos. Otro examen. Contenían preguntas y sus posibles respuestas. Una de ellas debía ser la correcta. Y se suponía que eso debía saberlo Pancho. El primero de los exámenes no le dio mayores dificultades. Lo resolvió en breves minutos. Se había tratado de un cuestionario donde cada cual respondía lo que le parecía. Y que fuera lo que Dios quisiera.

El segundo, por el contrario, le había hecho sudar la gota gorda. Conocimientos. De esto y mucho más de aquello.

–"Justo... Lo que menos me acuerdo" –pensó.

Los grandes descubrimientos. No sólo don Cristóbal y su 1492. La familia araucana. Sus incontables batallas. Los nombres de sus caciques: el de la picana, el de los brazos cortados, el del tronco en los hombros. Las ciudades fundadas por los españoles. Las fortificaciones. La independencia. Los libertadores. Fechas. Muchos nombres. Que a Pancho le sonaron a nombres de calles y avenidas. Más fechas. La república. Los presidentes, el Himno Patrio. Su autor. Siempre fechas. ¿Quién había escrito los versos?

Querido abuelo Patricio:
Respondí correctamente. Nada se me quedó en el
tintero. Estoy seguro. Repasé las preguntas y re-
visé las respuestas. Temas, nombres, fechas. La
única duda que tengo es si puse la respuesta ba-
jo la pregunta correcta. El profesor sabe más
que yo. El podrá ordenar mis conocimientos.

Pancho empezó a asistir a un colegio pequeño que le resultó cómodo, pues quedaba a sólo dos cuadras de su casa. Los compañeros de su curso, que no eran muchos, se habituaron rápidamente al simpático tartamudeo de Pancho. Sabían que había nacido en un país donde se hablaba distinto y si se trancaba con las palabras, era porque demoraba en encontrarlas.

Les resultaba divertido. Siempre querían ayudarlo a salir del paso. Cada cual, como el que más, se afanaba en dar cuanto antes con la palabra justa. Y siempre resultaba distinta a la que Pancho deseaba expresar.

Y cosa curiosa. Pancho jamás habló en su clase de aquel juego realizado con sus compañeros alemanes. Un día, sin embargo, se les ocurrió que Pancho dijera una palabra en el otro idioma, para que ellos adivinaran su significado.

¿Es que todos los niños del mundo tienen más de algo en común?

El juego se transformó muy pronto en una diversión a la que nadie se restó. Adoptando el aire de un disertador, con las manos en la espalda y delante del pizarrón, Pancho decía palabras en alemán, con una seriedad tal que provocaba las risas de sus compañeros. La diversión se hizo cada vez más célebre en el colegio y Pancho tuvo que continuarla en el patio.

En poco tiempo, Pancho fue el compañero más popular del colegio. Considerado una eminencia, era el único que dominaba dos idiomas; además del danés, que él le agregaba, con vocabulario absolutamente inventado. Pancho regresaba a casa con la sensación del éxito. Había conquistado muchos amigos y admiradores. Y su grupo familiar, tan pequeño en el extranjero, creció considerablemente con una gran cantidad de primos, a los que veía cada fin de semana. Más adelante, le escribía así a su abuelo.

Todo sería perfecto. Pero se han presentado dos dificultades.

El nerviosismo que provocaba el tartamudeo de Pancho y los desvelos de su padre por hallar pronto en qué ocuparse.

Mucho caviló don Patricio en el asunto que su hija le contó en la última carta. Hacía meses que su nieto estaba en clases. El abuelo lo extrañaba. Pero se había conformado al pensar en cuán poco faltaba para el verano y las vacaciones. Tal vez entonces...

Pensó en la cosecha de manzanas tempraneras con las que haría la maja para la chicha, cuando sus hijos y nietos llegaran a visitarlo. Con seguridad, estaría Pancho entre ellos.

Querida hija:
No es ningún mal lo que me cuentas de mi nieto.

Me recuerda mis injertos. Con cuánto temor he visto crecer mis primeros manzanos injertados. Dificultosamente han ido haciendo crecer sus ramas y frutos. Balbuceantes. Deformadas. Al principio. A ratos, me arrepentía de haberlas intervenido con mis manos. El tiempo, querida hija, me demostraría que el árbol bien cuidado no es nunca engendro. Mi nieto, al igual que mis manzanos tiernos, sabrá salir adelante. Ya lo verás.

Querido papito:
Puede que tengas razón en cuanto a Pancho. Pero lo que no te había contado es que nos pasamos los días, las semanas y los meses enviando cartas y más cartas para hallar un trabajo. No encontramos ninguna respuesta positiva, por el momento. Nos estamos agotando y no tenemos nada que nos haga sentirnos útiles.

Querido abuelo:
Hoy me tocó ir al correo de nuevo. Ayer domingo compré para el papá el diario más grande que encontré. Papá y mamá se lo pasan toda la mañana buscando alguna sorpresa en los cientos de avisos escritos con una letra insignificante, y creo que pronto van a quedar ciegos. En casa esperamos un milagro. Y lo esperamos de esos avisos, con los que papá habla cada semana, como un loco.

Estaba claro. Lo que más preocupaba a Pancho era que su padre se lo pasaba haciendo cálculos, elaborando sueños. Los buscaba pacientemente entre los muchos que se ofrecían a diario. Entonces, encerrado en el dormitorio, con su máquina de escribir, se dedicaba a redactar cientos de cartas. Y comenzaba la interminable espera.

Los días del cartero se convirtieron en los más importantes de la semana. Más que los sábados y domingos, cuando Pancho se reunía con sus primos.

Abuelo, en mi casa las cartas han llegado a dominarnos totalmente. No hablamos de otra cosa. Ellas traen las citaciones para las entrevistas que papá tendrá en el futuro. De ellas depende el porvenir de la familia. Una carta común y corriente, abuelo, puede ser un acontecimiento. Y si llega un telegrama, es lo máximo que nos puede suceder. También esperamos que suene el teléfono, invitando a papá a presentarse en alguna oficina. Allí, al parecer, lo espera un rey mago, el que le hará firmar el contrato de sus sueños. El tiempo sigue pasando, y el sueño no se cumple. Al parecer, abuelo, aquí hay muy pocos que están dispuestos realmente a dar un poco de felicidad a sus semejantes.

El papá se levantaba muy temprano cada mañana. Se había acostumbrado en Alemania. Y no le disgustaba. Al contrario. Muy bien vestido, –"así como te ven, te tratan"–, le decía siempre la mamá de Pancho–, impecable, pero sin exagerar de elegante, salía a sus entrevistas. Y eran tantas, que alcanzaban para todos los días de la semana.

Abuelo, en casa no hay días vacíos. Todos comentamos el resultado de los encuentros que papá ha tenido con esos magos que tienen el

poder de decidir el futuro de tanta gente.
En casa no hacemos más que soñar con los
sueños de papá. Y ahora es cuando más le
extraño, abuelo, porque no hay en el mundo
mejor soñador que usted.

–Papá..., ¿por qué no... le dices tus... sueños al abuelo?

Hubo entre ellos un cruce de miradas. También entre papá y mamá. Hubo un largo pestañeo y el padre se puso muy serio. Estuvo, quizás, a punto de enojarse. Sus ojos se elevaron al cielo raso. Hubo suspiros de mamá, como nunca Pancho se los había visto.

–¿De qué estás hablando?¿No aprendiste en Alemania que antes de hablar es necesario pensar lo que se va a decir?

–Perdón, papá..., lo que yo... digo..., decirle al...

–¿Para qué vamos a preocupar al abuelo con nuestros problemas? –se anticipó la madre, con la intención de aplacar los ánimos.

–Ya le... conté.

–¿Qué?

–Lo que... nos pasa.

–Pero hijo..., –protestó él–. ¿De qué sirve que el abuelo se entere?

–El abuelo sabe...

–¡Pancho! –interrumpió el padre–. ¿Crees que sería capaz de entender?

–Entiende de sueños..., ¿por qué no... los tuyos?

–¿De qué estás hablando, hijo, por favor?

Pancho pateó varias veces las paredes de su dormitorio. Insistía en que el abuelo había sido capaz de llevarse su casa a través del mar. Y había sabido instalarla en un terreno firme. Sólo alguien así puede entender de sueños. Alguien, como el abuelo, que sabe soportar el chubasco repentino, sin atemorizarse; que sabe controlar su chalupa entre las incontenibles olas. Alguien como él que sabe ir solo por las islas distantes, perdidas entre la niebla y la lluvia perseverante. Que sabe reconocer un velero fantasma de otro auténtico. Que sabe creer en las sirenas, mantener iglesias de madera, que sabe ayudar al vecino a realizar más de algún sueño, por imposible que parezca.

Querido abuelo Patricio:
Papá y mamá empiezan a entristecer. También
yo. Llegan muchas personas con la intención de
ayudarnos. Proponen ideas, interceden por papá
ante otros reyes magos, que ellos dicen conocer,
pero, al parecer, todos se han puesto de acuerdo.
¿Lo estarán castigando por algo, abuelo?¿Qué
habrá hecho de malo?
El mal humor se apodera de mis padres. No son
simples rabietas o discusiones. Tampoco yo me
libro de él. Y antes que nos aniquile por completo,
papá ha decidido regresar a Alemania .
P.D.: Estoy cada día más tartamudo.

Querido Luis Patricio:
Hijo,¿te has enterado de lo que ocurre con tu
hermana y mi nieto Pancho? Han regresado al
país y no consiguen establecerse como es
debido. ¿Qué ocurre, hijo? Te ruego hagas algo
por ellos. En Chiloé ya lo habríamos hecho.

Tu padre, que tanto te quiere.

Una noche llegó el tío Luis Patricio a la casa de Pancho. Portaba buenas nuevas. Llegaba de Puerto Montt y había conseguido un trabajo para el padre de Pancho.

Puerto Montt, muy al sur de la capital, es un lindo sitio junto al mar. Es, al mismo tiempo, la entrada principal de las islas donde vive el abuelo. Ellas se encuentran a medio día de navegación en lancha, siempre que la mar esté en calma.

Las novedades alegres que el tío Luis Patricio llevó no fueron del todo claras para Pancho. Parte de lo conversado entre él y su padre quedó en el misterio. Era evidente que el abuelo estaba detrás del asunto. A Pancho le hubiera encantado que el abuelo le hubiese escrito, poniéndolo al tanto de lo que estaba ocurriendo. ¿Por qué a los niños no se les considera en las decisiones de los grandes?

−¿No les... dije que el... abuelo sí que... sabe de... sueños?

Pancho se sintió observado, medido y juzgado como nunca en la familia. ¿Sería por lo que había dicho? A juzgar por el desarrollo de la conversación de los mayores, concluyó que la familia se trasladaría a Puerto Montt.

Coincidió que por aquellos días, Pancho descubrió una propaganda de televisión que le agradó mucho. Un analgésico para el dolor de cabeza. Era lo que más necesitaba su padre. Había un lago. En un pequeño bote pescaban un viejo de barba blanca y un niño que, sin duda, era su nieto. Pancho se imaginó que ese abuelo era el suyo. El niño sacaba un pez muy grande del agua. Y era lo que más le gustaba: ganarle al abuelo.

> *Querido abuelo Patricio:*
> *Pronto viajaremos al sur. Le ha vuelto el entusiasmo al cuerpo a papá y ya no habla de Alemania. Pero a mí no me agrada dejar mi nuevo colegio, tan indefenso, tan cerca de mi casa y con tan buenos amigos.*

El viaje entre Santiago y Puerto Montt lo hicieron en un tren rápido. Pancho había viajado bastante en tren durante su estadía en Alemania. Hamburgo-Rostock; Rostock-Copenhague; Copenhague-Berlín; Berlín-París; París-Madrid; Madrid-Bilbao; y fue allí donde los habían hecho descender del tren a las tres de la madrugada, junto a otros latinoamericanos sin visa para entrar a Francia. Y ellos, en camisa de dormir y pijamas, tiritanto de frío, viendo cómo el tren seguía su viaje y la rabia contenida que hacía castañetear aún más las mandíbulas.

Pancho había experimentado una sensación extraña al leer aquellos carteles clavados en las paredes del vagón. De pronto parecía estar presente en dos sitios al mismo tiempo. Sólo que en Chile el tren no tenía letreros en otros idiomas. Unicamente en español.

¡Qué rápido había corrido el tiempo!

Don Patricio había empezado a cosechar la papa

nueva. Esperaba ansiosamente el tiempo de la manzana. Para entonces sería verano y sus hijos se reunirían en casa. Lamentó profundamente no haber esperado a su nieto en Puerto Montt. Pero Angelmó estaba demasiado retirado. No resistía los viajes largos. Dormía siempre después de almuerzo, porque en el sueño sí que viajaba más lejos.

Por aquel entonces, el padre de Pancho estaba demasiado ocupado con la organización de la empresa que habían puesto bajo su mando. Lo habían dejado solo con su trabajo y se embarcaron a bordo de una barcaza que cruzaba el anchísimo canal.

El mundo era tan similar a veces. A Pancho le había parecido reconocer aquella travesía. ¿No cruzó de igual modo el Báltico desde Rostock a la costa de Dinamarca? El día había estado tan brillante como ahora. Y las inquietas olas habían dejado a la vista la transparencia de las medusas. ¿No era lo mismo ahora? Oscuras tuninas se adelantaron a la barcaza, como caballos de carrusel.

El resto del viaje lo hicieron en bus, a través de la isla grande de Chiloé. Cruzaron Dalcahue, un canal más pequeño, y luego siguieron por tierra hasta el pueblo del abuelo, el que ya se veía cuando el camino se aprestaba a descender por la empinada cuesta, para caer, casi, en el borde mismo del mar.

Pancho estaba cerca. Había llegado con su madre a la pequeña isla donde no cabían más que dos pueblos.

Aquellos días pasados en Achao junto al abuelo fueron muy bellos.

En ese brevísimo tiempo, Pancho pudo comprobar una vez más lo que tantas veces le contara su madre sobre el abuelo Patricio y la abuela Cañe. Eran gente de extrema bondad. Cada día se sentaba a comer una persona diferente en la mesa de la pieza del café. Muchas veces eran desconocidos que llegaban de las islas.

–Anda a ver quién está en la esquina– decía la abuela Cañe. La Tata o la Lucha salían a cumplir el deseo de su ama.

Al poco rato, esa persona almorzaba en casa de los abuelos.

Don Pachi fue siempre un hombre que gozó del respeto y admiración de sus vecinos. Fue un hombre que respetó a los demás, sin importar su condición social.

La madre de Pancho le contó a su hijo que siendo ella muy niña vio cómo en su casa se acogía a hombres que, por esas cosas de la vida, pasaban por momentos difíciles. Eran personas alejadas de sus hogares por una orden superior. Relegados a la isla de Chiloé, como castigo o escarmiento.

"¿Sería eso lo que hicieron a mi padre?" –pensó más de una vez Pancho, al escuchar esto.

Doña Cañe siempre tuvo una cama para el que caía preso en la comisaría del pueblo.

–Han traído un hombre –decía ella–. Ve a llevarle una cama.

¡Qué pena que papá no pueda cumplir su sueño junto a los abuelos!

Y lamentó una vez más que su padre no hubiese viajado con ellos. Le habría gustado conocer a estos viejos queridos. El tiempo se había ido volando. Con la misma celeridad que se soplaban las velas de una torta de cumpleaños. Pancho hizo entonces una promesa. Cuando tuviera edad de decidir por sí mismo, volvería al sitio donde había vivido días maravillosos. Don Patricio prometió lo propio. Guardaría fuerzas para esperar al nieto. Y juró que no pasaría demasiado tiempo antes que ambos volvieran a reunirse. Ese último día fueron de pesca en la chalupa. En medio del mar se abrazaron con ternura.

EPILOGO

Abuelito querido:
Le recuerdo con todo mi cariño. Muy pronto le enviaré una fotografía de la casa en que vivo actualmente. Quiero que me espere por siempre, pues tal como se lo prometí, navegaré con mi casa a Chiloé. No hago más que seguir su maravilloso ejemplo.
Cariños a la abuelita Cañe.
Pancho, su nieto que lo quiere y no le olvida.

GLOSARIO

Caleuche: significa "otras gentes", y se refiere a navegantes de buques misteriosos y víctimas de naufragios. Es un buque artificio. Barco fantasma que navega con gran luminosidad. Otros nombres que recibe, son "Calanche", "Calenches" o "Calén". También "Calauche", que era el nombre de un buque holandés.

Chiloé: en lengua mapuche significa lugar poblado de gaviotas. Isla de gaviotas.

Guarén: especie chilena de rata grande.

Minga: trabajo voluntario que se hace en Chiloé y que se retribuye con una gran celebración por parte del que con él se beneficia.

Palafito: vivienda construída sobre pilotes en la ribera de un río o junto al mar.

Pincoya: figura mitológica de Chiloé representada por una sirena. Encarna la fertilidad del mar y de sus costas.

Tacán: dícese de un personaje sobrenatural, porfiado, caprichoso que puede ser un brujo. Por mucho que se le castigue, no escarmienta.

Yuguera: madero que se ubica bajo la estructura de una casa para poder arrastrarla.